DES

TABLES DE MORTALITÉ

ET

DE LEUR APPLICATION

AUX

ASSURANCES SUR LA VIE

(RENTES VIAGÈRES ET CAPITAUX PAYABLES AU DÉCÈS),

AVEC

UNE NOUVELLE TABLE DE MORTALITÉ

DRESSÉE

D'APRÈS LES DÉCÈS CONSTATÉS DANS LA

Tontine LAFARGE,

ET LA TRADUCTION DES LOIS ANGLAISES DE 1853 ET DE 1864, SUR LES ASSURANCES ET LES RENTES VIAGÈRES DE L'ÉTAT,

PAR ERNEST BEAUVISAGE,
Chef du Service de la Caisse de retraites pour la vieillesse, à la Caisse des Dépôts et Consignations.

PARIS,
GAUTHIER-VILLARS, IMPRIMEUR-LIBRAIRE
DU BUREAU DES LONGITUDES, DE L'ÉCOLE IMPÉRIALE POLYTECHNIQUE,
SUCCESSEUR DE MALLET-BACHELIER,
Quai des Augustins, 55.

1867

DES

TABLES DE MORTALITÉ

ET

DE LEUR APPLICATION

AUX

ASSURANCES SUR LA VIE.

PARIS. — IMPRIMERIE DE GAUTHIER-VILLARS,
rue de Seine-Saint-Germain, 10, près l'Institut.

DES

TABLES DE MORTALITÉ

ET

DE LEUR APPLICATION

AUX

ASSURANCES SUR LA VIE

(RENTES VIAGÈRES ET CAPITAUX PAYABLES AU DÉCÈS),

AVEC

UNE NOUVELLE TABLE DE MORTALITÉ

DRESSÉE

D'APRÈS LES DÉCÈS CONSTATÉS DANS LA

Tontine LAFARGE,

ET LA TRADUCTION DES LOIS ANGLAISES DE 1853 ET DE 1864, SUR LES ASSURANCES ET LES RENTES VIAGÈRES DE L'ÉTAT,

PAR ERNEST BEAUVISAGE,

Chef du Service de la Caisse de retraites pour la vieillesse, à la Caisse des Dépôts et Consignations.

PARIS,

GAUTHIER-VILLARS, IMPRIMEUR-LIBRAIRE

DU BUREAU DES LONGITUDES, DE L'ÉCOLE IMPÉRIALE POLYTECHNIQUE,

SUCCESSEUR DE MALLET-BACHELIER,

Quai des Augustins, 55.

1867

DES

TABLES DE MORTALITÉ

ET

DE LEUR APPLICATION

AUX

ASSURANCES SUR LA VIE.

La principale difficulté qu'ont rencontrée, à diverses époques, les législateurs ou les philanthropes pour assurer, au moyen de Caisses de prévoyance, le sort des ouvriers devenus vieux, a été l'absence de Tables de mortalité offrant quelque certitude dans leurs prévisions, ayant subi l'épreuve du temps et de l'expérience, et pouvant servir de base à des tarifs de pensions de retraite (assurances en cas de vie) faisant une part équitable aux assureurs et aux assurés.

Les probabilités de durée de la vie humaine ont cependant été de tout temps l'objet de préoccupations sérieuses, souvent traduites en chiffres, suivant le degré des connaissances positives de l'époque.

Sans remonter aux Babyloniens, dont les prédictions relatives à la mortalité étaient fort consultées du temps d'Horace, bien qu'elles aient été traitées légèrement par ce poëte (1), on voit dans les *Pandectes* l'indication du nombre probable d'années du service des pensions alimentaires, en raison de l'âge des pensionnaires. (*Digestorum*, lib. XXXV, tit. II. *Æmilius Macer*, lib. II, cap. LXVIII.)

Hume assure, du reste, dans son *Essai sur la population des nations anciennes*, publié à Londres en 1767, que l'on tenait à Rome des registres de mortalité, basés sur les impôts régulièrement payés à la naissance au temple de Junon-Lucine, à la prise de la robe virile au temple de la Jeunesse, et à la mort au temple de Libitine. Ces pratiques étaient déjà suivies au temps de Néron, si l'on en croit Suétone; elles furent utilisées plus tard, sous Justinien, pour déterminer la durée de la vie humaine et celle du service des pensions viagères qui en est la conséquence.

Ce n'est, toutefois, que vers l'année 1592, en Angleterre, sous le règne d'Elisabeth, que l'on trouve la constatation officielle du nombre des décès survenus parmi les membres d'une agrégation quelconque d'individus. Cette statistique eut alors pour but d'indiquer la marche ascendante ou décroissante de la peste qui dépeuplait la ville de Londres. Les bulletins constatant cette mortalité furent, d'abord, publiés annuellement; plus tard, cette publication eut lieu chaque semaine, mais sans autre indication que le nombre des décédés. Ce ne fut qu'en 1619 que l'on inséra dans ces bulletins la mention des

---

(1) Tu ne quæsieris, scire nefas, quem mihi, quem tibi
Finem Di dederint, Leuconoe, nec Babylonios
Tentaris numeros....

(Carm., lib. I, XI.)

maladies qui avaient occasionné les décès. A partir de l'année 1728, on mentionna en outre l'âge des décédés : on avait, dès lors, une base pour établir, avec quelque certitude, une Table de mortalité de la population.

Dès l'année 1661, cependant, le capitaine John Graunt avait publié des *Observations*, basées en partie sur les faits constatés dans ces bulletins, et dont il croyait pouvoir déduire le chiffre de la population de la ville de Londres et la durée probable de la vie de ses habitants. Ce travail du capitaine Graunt le fit admettre parmi les Membres de la Société Royale de Londres, fondée l'année précédente. Sir William Petty, l'un des premiers Membres de cette Société, traita les mêmes questions dans un ouvrage intitulé : *Essais d'Arithmétique politique*, qu'il publia en 1682.

Les travaux de ces deux calculateurs paraissent avoir été utilisés par l'illustre mathématicien Halley, qui publia, quelques années plus tard (1693), son *Mémoire sur la mortalité du genre humain*, auquel était annexée une Table de mortalité déduite d'observations faites de 1687 à 1691, sur la population de la ville de Breslau.

A partir de cette époque, de nombreux statisticiens et des calculateurs émérites s'appliquent, dans toutes les parties de l'Europe, à chercher les lois de mortalité qui régissent les populations qui les entourent.

Deparcieux, en France, dépouille les registres de plusieurs établissements tontiniers et religieux, pour en tirer des conclusions sur la mortalité générale. Dupré de Saint-Maur dresse, d'après les registres mortuaires de la ville de Paris, une Table de mortalité citée par Buffon dans son *Histoire naturelle*, et commentée plus tard par de Saint-Cyran, capitaine du génie, auteur de *Calculs sur les rentes viagères*. Kersseboom, en Hollande, Lambert et Sussmilch, en Allemagne, le Dr Price, de Moivre, Milne, Smart et Simpson, en Angleterre, Wargentin et Nicauder, en Suède, Euler et Füss, en Russie, Muret, en Suisse, dressent de tous côtés des Tables, dans lesquelles les probabilités de durée de la vie humaine aux XVIIe et XVIIIe siècles sont indiquées avec des variantes bien faites pour embarrasser les économistes et les financiers.

Malgré cette incertitude des lois de la mortalité, un Français, M. Francis Masères, réfugié à Londres, où il exerçait les fonctions de baron *cursitor* de la Cour de l'Échiquier, proposa, en 1772, la création de pensions viagères au profit des travailleurs âgés, au moyen du placement de leurs épargnes dans les caisses paroissiales, chargées d'administrer les deniers provenant de la taxe des pauvres.

Cette proposition fut appuyée, en 1773, par un membre du Parlement, M. Dowdeswell, qui présenta à la Chambre des Communes un bill ayant pour objet de permettre aux paroisses de constituer, par la voie de l'épargne, des rentes viagères différées à leurs habitants pauvres et industrieux. Ce bill fut adopté par la Chambre des Communes à une grande majorité, mais la Chambre des Lords le repoussa comme pouvant grever la propriété foncière.

Une nouvelle tentative fut faite en 1789, par M. Auckland, pour obtenir du Parlement anglais la création d'une Caisse de prévoyance destinée à subvenir aux besoins des ouvriers malades ou infirmes, au moyen de retenues hebdomadaires sur leurs salaires. Le célèbre statisticien Dr Price dressa, d'après des observations faites, de 1772 à 1781, sur les décès des habitants de la ville de Chester, par le Dr Haygarth, les Tables qui devaient servir à cette institution. Le bill de M. Auckland eut exactement le même sort que celui de M. Dowdeswell; voté par les Communes, il fut rejeté par les Lords.

Pendant que le Parlement anglais repoussait les projets de loi tendant à soulager la misère de la classe ouvrière, l'une des Assemblées provinciales de France, celle de l'Orléanais, adoptait, en 1788, la proposition de créer une *Caisse du peuple*. Cette Caisse de prévoyance, dont la première pensée émanait du *Bureau du bien public*, duquel faisaient partie Lavoisier et les abbés Siéyès et Louis, devait être à la fois une Caisse d'épargne et une Caisse de retraite; on proposait de la placer sous le patronage de l'Assemblée provinciale et de la Société philanthropique d'Orléans.

A l'exception d'un projet analogue qui paraît avoir été étudié par les Comités des finances et des secours de la Convention nationale, et dont il est question dans le Rapport de Cambon du 8 prairial an II, concernant la réduction de la dette viagère d'après des tarifs dressés par Duvillard, cette idée si utile fut perdue de vue au milieu des grands événements dont l'Europe fut agitée pendant vingt-cinq ans. Mais, aussitôt la paix rétablie, on la voit remise à l'étude en France, ainsi que cela se trouve constaté dans le premier Rapport fait à la Chambre des Pairs, en 1816, par la Commission de surveillance des Caisses d'amortissement et des dépôts et consignations, lequel contient la proposition d'annexer à ces établissements une Caisse de prévoyance destinée à faire fructifier les économies faites par les ouvriers sur leurs salaires, pour assurer l'aisance et l'indépendance de leur vieillesse.

Il ne fut pas immédiatement donné suite à ce projet, qui renfermait cependant le germe des deux grandes institutions, les Caisses d'épargne et la Caisse de retraites pour la vieillesse, dont les fonds sont aujourd'hui centralisés et administrés par la Caisse des dépôts et consignations. Deux ans plus tard, la Caisse d'épargne de Paris était ouverte au public; mais cette institution ne réalisait qu'une partie du programme indiqué : la question des pensions de retraite pour les vieillards restait encore à résoudre.

Ce ne fut que dix-huit ans plus tard que l'on fit en Angleterre une tentative pour atteindre ce but philanthropique, par la promulgation de la loi du 10 juin 1833, qui autorisait la Commission chargée de la réduction de la Dette nationale à constituer, au profit de déposants des Caisses d'épargne, des rentes viagères à jouissances immédiates ou différées, au maximum de 20 livres sterling (500 francs).

Cette Commission délivrait déjà, depuis l'année 1808, des rentes viagères dont les tarifs avaient pour base la Table de mortalité, dite de Northampton, dressée par le Dr Price, sur des faits recueillis dans cette ville, de 1735 à 1781. Ces tarifs, considérés comme désavantageux pour l'État, par suite de la mortalité trop rapide indiquée par la Table de Northampton, avaient été remplacés, aux termes de la loi du 22 mai 1829, par des tarifs ayant pour base une Table de mortalité dressée par M. John Finlaison, actuaire ou calculateur de la Commission, d'après les observations recueillies par lui jusqu'en 1823, sur les extinctions survenues parmi les rentiers viagers de l'État anglais, et parmi les membres de diverses tontines anglaises et irlandaises en exercice depuis 1773.

Le maximum des rentes viagères des déposants des Caisses d'épargne fut élevé, en 1844, à 30 livres sterling (750 francs); mais le nombre des rentiers, que l'on croyait voir augmenter beaucoup à la suite de cette mesure, ne s'éleva pas à 4000 dans les huit années qui suivirent son adoption.

Dans le courant de cette même année 1844, on s'occupait également, en France, du moyen d'assurer des pensions de retraite aux ouvriers affaiblis par l'âge. A la suite d'une proposition infructueuse faite, en 1842, par MM. Ch. Vernes, d'Eichtal et Bartholony, tendant à faire annexer à la Caisse d'épargne de Paris une Caisse de retraites pour la vieillesse, une Commission se forma sous la présidence de M. le comte Molé, et présenta au Ministre des Finances un Mémoire dans lequel était recommandée la création d'une Caisse générale de retraites pour les classes laborieuses. Le tarif des rentes viagères à constituer par cet établissement devait avoir pour base une Table de mortalité donnant la moyenne entre les chiffres de la Table de Deparcieux et ceux de la Table de Duvillard. La mortalité constatée par Deparcieux, sur des têtes choisies, paraissait trop lente pour être applicable à la classe ouvrière, tandis que la mortalité indiquée dans les Tables de Duvillard, dressées d'après des observations générales recueillies antérieurement à 1789, semblait au contraire trop rapide, en raison des changements notables survenus depuis cette époque dans les éléments et les habitudes de la population.

Après trois ans d'études, le Gouvernement, adoptant le projet de cette Commission, se préparait à le soumettre à l'examen des Chambres, lorsque les événements de février en ajournèrent l'exécution.

Ce projet fut repris dès les premiers jours de 1849, et présenté à l'Assemblée constituante, avec quelques modifications, par MM. Waldeck-Rousseau et Rouveure; mais le temps manqua à cette Assemblée pour traiter la question.

L'Assemblée législative en fut, à son tour, saisie par M. Dufournel, qui présenta un projet de loi reproduisant les principales dispositions des propositions précédentes; cette Assemblée avait en même temps à examiner un projet de retenues obligatoires sur les salaires, présenté par M. Lestiboudois, dans le but d'assurer des pensions de retraite à tous les ouvriers industriels.

Un Rapport fait par M. Benoît d'Azy, au nom de la Commission chargée d'examiner ces deux projets, conclut au rejet du principe posé par M. Lestiboudois, et à l'adoption des principales dispositions du projet de M. Dufournel.

Un troisième projet plus développé que les deux premiers, présenté par le Gouvernement, et dans lequel on proposait d'accorder des primes d'encouragement aux premiers déposants, fut adopté définitivement par la Commission et soumis aux délibérations de l'Assemblée législative.

La loi du 18 juin 1850, qui créa la Caisse de retraites pour la vieillesse, reproduisit les dispositions de ce dernier projet, sauf l'allocation des primes d'encouragement; mais il fut ajouté que les fonds reçus des déposants seraient immédiatement employés en achats de rentes, et que les pensions ou rentes viagères constituées au nom de ces déposants seraient, à l'époque de leur entrée en jouissance, inscrites au Grand-Livre de la Dette publique.

En compensation de cette charge imposée au Trésor public, il fut ordonné que la Caisse de retraites transférerait à la Caisse d'amortissement la quotité de rentes de son portefeuille nécessaire pour représenter la valeur des rentes viagères inscrites.

D'après cette loi, la Caisse des dépôts et consignations fut chargée, sous la garantie de l'État, de l'administration de la Caisse de retraites pour la vieillesse. On adopta pour bases des tarifs de rentes viagères l'intérêt composé au taux de 5 pour 100 et la Table de mortalité de Deparcieux. Le droit ayant été donné aux déposants de faire des versements sous la condition que le capital fût remboursé, lors de leur décès, à leurs héritiers ou ayants droit, il dut être dressé deux tarifs de rentes viagères, l'un pour les versements à capital aliéné, l'autre pour les versements à capital réservé.

La Table de mortalité de Deparcieux n'ayant été adoptée que faute d'une Table meilleure, d'après les observations faites par M. Bienaymé, Membre de l'Institut, et le taux de 5 pour 100 pouvant devenir trop élevé en cas de modifications dans l'état financier du pays, il fut édicté qu'à partir du 1er janvier 1853 la loi pourrait être revisée dans ses dispositions relatives au taux de l'intérêt et aux bases des tarifs des rentes viagères à constituer ultérieurement.

Bien avant cette époque, il devint évident que le

taux de 5 pour 100 était trop élevé, le placement des fonds ne pouvant se faire qu'à un taux inférieur. La loi du 28 mai 1853 réduisit cet intérêt à 4 ½ pour 100. Mais l'expérience de deux années ne put donner, sur les résultats de l'application de la Table de Deparcieux, d'indices suffisants pour permettre de former une opinion sur l'exactitude de cette Table. Cependant, des doutes s'étant élevés à ce sujet, le Ministère du Commerce se disposa à réunir les documents d'une Table spéciale de la mortalité des déposants de la Caisse de retraites. Il fut décidé que l'on chercherait avec l'aide des Maires, des Chefs d'administrations, Présidents de sociétés ou autres intermédiaires, à suivre les traces de ces déposants et à constater l'époque de leur décès.

Pour faciliter cette tâche, l'Administration de la Caisse fit dresser des bulletins individuels et signalétiques au nom de chaque déposant. Elle fit connaître en outre au Ministère, à des époques régulières, les noms des déposants, dont l'existence était constatée par le fait de versements subséquents, et dont il devenait par conséquent inutile de rechercher autrement la trace.

Ce projet si utile, mais d'une exécution si difficile, dont la Caisse de retraites prépara pendant douze ans les bases avec le plus grand soin, ne put être suivi en raison de l'impossibilité où l'on se trouva, par diverses causes, de procéder aux nombreuses recherches et enquêtes qu'il nécessitait.

En attendant l'époque, fort éloignée maintenant, où l'on pourra procéder à l'établissement d'une Table de mortalité spéciale des déposants de la Caisse de retraites pour la vieillesse, l'Administration de cette Caisse a cherché, par une série de calculs et de comparaisons, à utiliser les travaux qu'elle fait dans le but d'établir sa situation financière, pour constater, approximativement et dans son ensemble, l'exactitude probable de la Table de mortalité de Deparcieux.

La Caisse de retraites, dont les opérations prenaient, dès l'année 1860, une extension considérable et se rapprochaient graduellement des chiffres annuels actuels de 300000 versements et de 10 millions de francs de recettes, devait en effet se rendre compte de sa situation, par l'établissement d'un bilan présentant son passif en regard de son actif.

L'actif est aisément constaté : il consiste en inscriptions de rentes achetées journellement à la Bourse avec les fonds versés par les déposants, et immatriculées au nom de la Caisse de retraites pour la vieillesse.

Le passif est moins facile à établir; il consiste :

1° En remboursements à faire aux ayants droit des déposants décédés qui ont versé sous la condition de réserve du capital ;

2° En transfert à la Caisse d'amortissement de rentes du portefeuille, en contre-valeur des rentes viagères inscrites au Grand-Livre de la Dette publique au nom des déposants survivants, à l'époque fixée par eux pour entrer en jouissance.

Dans le premier élément du passif probable, le chiffre des sommes à rembourser est *certain;* mais les échéances des remboursements sont *incertaines.*

Dans le second élément, au contraire, les époques d'inscriptions des rentes sont *certaines,* puisque les déposants les fixent à l'avance; mais il y a *incertitude* sur le montant des rentes à inscrire, ou, pour dire autrement, sur le nombre des déposants survivants à l'époque d'entrée en jouissance de leurs rentes viagères.

C'est à l'aide de la Table de Deparcieux, d'après l'âge des déposants au moment de chacun de leurs versements, et en prenant pour unité individuelle le versement ou la rente d'un franc, que l'on détermine les extinctions probables, c'est-à-dire le montant annuel présumé des capitaux à rembourser et celui des rentes viagères à inscrire au Grand-Livre. Le capital représentatif de ces rentes est calculé d'après les tarifs, et l'on obtient ainsi une série d'échéances qui, à la fin de l'année 1865, s'étendaient pour les rentes à inscrire jusqu'en 1922, et pour les capitaux à rembourser jusqu'en 1956.

Les sommes afférentes à chacune de ces échéances, ramenées à la valeur actuelle, chaque année, par l'escompte à 4 ½ pour 100, représentent le passif probable de la Caisse.

La comparaison de ce passif probable à l'actif en portefeuille, également évalué à 4 ½ pour 100, donne le bilan de l'institution.

Les résultats de l'application de la Table de mortalité de Deparcieux à l'évaluation du passif probable de la Caisse, en ce qui concerne les prévisions d'extinctions successives, ont évidemment besoin d'être contrôlés par l'expérience, pour établir l'exactitude du bilan. A cet effet, on compare, chaque année, les résultats financiers prévus, d'après les extinctions supposées, avec les payements réellement effectués et les rentes viagères réellement inscrites.

On a pensé que l'on pourrait utiliser cette comparaison

entre les prévisions et les faits accomplis pour vérifier, dans son ensemble et peut-être même pour certains groupes d'âge, l'exactitude de la Table de Deparcieux.

D'une très-légère différence entre le montant de rentes viagères inscrites, un peu plus élevé que le chiffre prévu, on a pu conclure que la mortalité réelle avant l'époque de jouissance des rentes (en moyenne de cinquante-neuf à soixante ans) était un peu plus lente que celle indiquée par Deparcieux.

D'une différence un peu plus forte, et dans le même sens, entre les payements prévus et ceux qui ont été réellement faits par le Trésor public aux rentiers viagers, dont l'âge moyen est supérieur à celui du groupe précédent, on a également conclu que la mortalité réelle, dans les âges très-avancés, était encore un peu plus lente que celle prevue par Deparcieux pour lesdits âges.

Puis, d'une différence plus forte encore entre le montant des remboursements de capitaux réservés et les prévisions indiquées de ce chef, on a conclu que, la condition de réserve du capital étant plus généralement posée pour les versements faits au profit d'enfants très-jeunes ou de vieillards ayant dépassé l'âge extrême des tarifs (soixante-cinq ans), c'était aux deux extrémités de la Table de Deparcieux qu'il y avait à chercher les erreurs les plus notables.

En résumé, au point de vue de la situation financière de la Caisse de retraites, les inexactitudes de la Table de Deparcieux paraissant se compenser, particulièrement en ce que la mortalité un peu trop rapide qu'elle indique agit en sens contraire sur la constitution des rentes viagères (assurances en cas de vie) et sur l'assurance en cas de mort, qui résulte de la réserve de certains capitaux. l'usage de cette Table peut être considéré comme n'offrant actuellement aucun danger pour l'État, et comme équitable envers les déposants. Dans le cas où l'importance des versements à capital réservé viendrait à diminuer sensiblement, il y aurait peut-être lieu de se préoccuper des différences signalées plus haut.

Les observations qui précèdent n'ont point le caractère de certitude de celles qu'une statistique régulièrement dressée eût pu fournir, d'autant plus que la négligence des parties intéressées à réclamer les capitaux réservés retarde souvent beaucoup l'époque de la notification des décès, et par conséquent celle des remboursements, ce qui fait compter parmi les survivants des individus décédés depuis un certain nombre de mois et même d'années. Mais la valeur de ces observations pourrait être sensiblement accrue, si leurs résultats généraux étaient confirmés par des observations concordantes établies sur un ordre de faits analogues, mais comportant plus de détails et de précision.

C'est dans cette pensée que j'ai recherché un groupe d'individus qui pût être comparé à celui des déposants de la Caisse de retraites pour la vieillesse, et sur les extinctions duquel on pût obtenir des renseignements authentiques. La tontine Lafarge a paru se composer de personnes appartenant aux mêmes classes sociales que ces déposants; elle offrait à la statistique un point de départ fixe, l'année 1792, époque de sa formation, l'expérience de plus de soixante-dix ans, et un groupe d'individus de tous âges au début de l'opération, puisque les uns venaient de naître, tandis que d'autres étaient octogénaires.

Si l'on avait pu recueillir la date des décès de tous les tontiniers disparus, on aurait eu les éléments d'une des Tables spéciales les plus intéressantes qui aient été dressées. Malheureusement, sur environ 116000 individus et sur plus de 110000 extinctions probables, il n'a pu être constaté, jusqu'à la fin de 1864, d'une manière certaine, que 38951 décès, soit un peu plus d'un tiers.

Cependant, comme, dans l'opinion des personnes les plus anciennement attachées à cet établissement, rien ne peut faire supposer que les individus dont l'âge au décès a pu être régulièrement constaté aient appartenu à une classe particulière de déposants, soit au point de vue de l'âge à l'époque du versement ou du décès, soit comme position sociale, j'ai pensé que les observations recueillies depuis plus d'un demi-siècle par l'Administration des tontines, devaient être utilisées pour l'établissement d'une Table de mortalité.

Dressée d'après les faits observés dans une tontine, cette Table me semble pouvoir être utilement comparée à celle de Deparcieux, qui repose sur les extinctions constatées parmi les membres des deux tontines de 1689 et de 1696; elle a sur cette dernière l'avantage d'être basée sur des faits plus récents, plus nombreux et plus exacts; car Deparcieux, n'ayant pu connaître l'âge des individus, mais seulement renseigné sur l'âge minimum et sur l'âge maximum des tontiniers de chaque groupe quinquennal, a dû adopter des moyennes arbitraires et difficilement expliquées. C'est ainsi qu'il prend trois ans pour l'âge moyen du groupe des enfants de zéro à cinq ans, tandis qu'il adopte les moyennes de sept ans et de douze ans pour les groupes d'individus âgés de six à dix ans et de onze à quinze ans.

La Table de mortalité dressée d'après les décès constatés parmi les membres de la tontine Lafarge, bien que basée sur des documents authentiques, n'échappe cependant pas aux causes d'imperfection qui frappent d'avance tous les travaux de ce genre. Les statistiques étaient autrefois faussées par l'incertitude qui régnait généralement sur l'âge et sur l'identité des individus; maintenant, c'est la locomotion perpétuelle et croissante des populations qui ne permet pas d'en déterminer les mouvements individuels d'une manière certaine.

Et cependant, les principes, d'après lesquels seuls une bonne Table de mortalité peut être établie, restent les mêmes, et nul ne songe à les attaquer pas plus qu'à les pratiquer. En effet, pour constater exactement, par âges et d'année en année, les décès des individus formant un groupe spécial, il faudrait pouvoir suivre la trace des individus qui le composent pendant toute leur existence, c'est-à-dire pendant un siècle, si le groupe comprend, comme cela est désirable pour dresser une Table complète, des enfants en bas âge et même venant de naître. On peut déclarer d'avance la tâche impossible si le groupe est considérable, et le travail sans valeur si le groupe ne se compose que d'un petit nombre de personnes.

Faut-il, parce que l'on ne peut faire de Tables de mortalité parfaites, renoncer à en établir? Cela paraît être, depuis trente ans, le résultat de la rigueur des principes promulgués en France en pareille matière.

Ne serait-il pas désirable, au contraire, au point de

vue pratique, si ce n'est au point de vue de la science pure, que ce genre d'étude fût encouragé, alors même que les travaux publiés resteraient loin de la perfection théorique? On trouverait, surtout s'ils étaient nombreux, dans leur comparaison, dans leurs contradictions mêmes, les bases d'observations générales que pourraient utiliser plus tard, et suivant le cas, les statisticiens, les économistes ou les financiers.

C'est dans cette pensée que j'ai cru devoir dresser la Table de mortalité que je publie aujourd'hui. C'est un jalon, un terme de comparaison, rien de plus.

Il m'a semblé que, s'il était impossible de suivre de la naissance à la mort dans leurs pérégrinations tous les individus formant un groupe choisi d'avance, on pouvait aisément reconstituer des groupes d'individus décédés ayant eu, pendant leur vie, un lien commun, une position sociale analogue, un point de ressemblance ou de rapprochement quelconque.

Les registres de la Caisse Lafarge, les situations annuelles de cet établissement, ainsi que les bulletins individuels des tontiniers décédés, m'ont permis, grâce au soin avec lequel ces documents sont tenus par l'Administration des tontines, d'établir la répartition, suivant l'âge qu'ils avaient en 1793, des 38951 individus composant le groupe dont il est parlé plus haut. Au moyen des mêmes documents, ces individus ont été classés suivant l'âge qu'ils avaient au moment de leur décès.

Il y avait, en 1793, comme on le voit dans la troisième colonne du tableau A, 348 enfants âgés d'un an, c'est-à-dire nés en 1792; sur ce nombre, il en est mort 5 dans le courant de l'année (5e colonne); il restait donc, de ce premier groupe, 343 individus qui ont atteint l'âge de deux ans (2ᵉ colonne); à ce nombre il faut ajouter les 426 enfants qui avaient deux ans en 1793 (3ᵉ colonne), ce qui forme un groupe de 769 individus de deux ans (4ᵉ colonne), sur lesquels 9 sont morts avant d'atteindre l'âge de trois ans (5ᵉ colonne), ce qui réduit à 760 (2ᵉ colonne) le nombre des individus survivants qui vient s'ajouter aux 513 enfants de trois ans existants en 1793. On continue ainsi à former les chiffres de la quatrième colonne, à chaque âge, en ajoutant les survivants de l'âge précédent aux vivants de l'origine, jusqu'à l'extinction complète du groupe, opération qui se formule ainsi qu'il suit.

Le nombre des survivants (V_x) de chaque âge est égal au nombre des vivants, en 1793, de l'âge précédent (v_{x-1}), moins le nombre des décédés de l'âge précédent (d_{x-1}), plus le nombre des vivants de l'âge même, en 1793, soit

$$V_x = (v_{x-1} - d_{x-1}) + v_x.$$

De cette formule on déduit le nombre de décédés sur 1000 vivants à chaque âge, au moyen de la proportion suivante

$$V_x : d_x :: 1000 : D_x,$$

ou

$$D_x = \frac{1000\, d_x}{V_x},$$

soit, par exemple, pour l'âge de trois ans,

$$\frac{5000}{348} = 14,367.$$

Ici se place une opération destinée à établir une

moyenne et à rectifier, par une compensation, les erreurs ou différences possibles résultant de la manière dont les âges ont été établis dans les relevés dressés par l'Administration des tontines.

L'âge au décès des tontiniers a été calculé par années, sans fractions mensuelles, et en prenant simplement la différence entre le millésime de l'année de la naissance et celui de l'année du décès. Il résulte de cette manière de calculer que des individus nés dans les premiers jours d'une année et décédés dans les derniers jours d'une autre année sont considérés comme contemporains de gens nés dans les derniers jours de la première et décédés dans les premiers jours de la seconde, bien qu'il puisse y avoir une différence de près de deux ans entre leurs âges respectifs.

Pour corriger ces erreurs, qui d'une année à l'autre se compensent très-probablement, on a adopté, comme représentant la mortalité de chaque âge, un chiffre moyen qui est le tiers de la somme des trois nombres trouvés pour cet âge et pour les deux âges les plus rapprochés, en dessus et en dessous (colonne n° 10). La mortalité à cinq ans, par exemple, est la moyenne des trois chiffres indiqués pour quatre ans, pour cinq ans et pour six ans; celle de six ans, la moyenne des chiffres indiqués pour cinq, six et sept ans, et ainsi de suite. Cette méthode a pour effet, non-seulement de corriger les erreurs résultant de la manière dont les âges ont été calculés, mais aussi d'atténuer les différences, souvent plus accidentelles que normales, qui se produisent dans les séries de faits afférents à des époques et à des âges rapprochés.

La colonne n° 11 indique cette mortalité annuelle

moyenne à chaque âge, sur 1000 vivants au commencement de l'année. Ce sont ces chiffres qui ont servi de base à la Table de survie, commençant avec 1000 vivants à trois ans, comme celle de Deparcieux, ainsi qu'à une Table de la vie moyenne à chaque âge, qui complète les trois points de vue sous lesquels se présente la loi de mortalité qu'ont subie les membres du groupe dont il s'agit, pendant les soixante-douze années qui se sont écoulées depuis 1793 jusqu'à la fin de 1864.

Comme éléments de comparaison avec la Table de Deparcieux, j'ai cru utile de présenter également, sous ces trois points de vue, en regard de celle-ci, diverses Tables connues ou récemment publiées, dont les chiffres, en ce qui concerne les Tables de survie, ont été ramenés au point de départ adopté par Deparcieux, savoir : 1000 vivants à trois ans. Il a semblé intéressant de présenter synoptiquement, et sous ces trois aspects : Mortalité (tableau B), Survie (tableau C) et Vie moyenne (tableau D) à chaque âge, les lois de mortalité constatées, dans le siècle dernier, par le Dr Price, à Northampton, de 1735 à 1781, par J. Milne, à Carlisle, de 1779 à 1787, par Duvillard, en divers lieux de la France, avant la révolution, et, plus récemment, par M. Demonferrand, d'après des faits recueillis par la statistique générale de la France de 1817 à 1832, par M. Alexander Glen Finlaison et par le Dr William Farr, le premier d'après des observations faites de 1773 à 1854 sur les rentiers viagers du Gouvernement anglais, et le second d'après l'enregistrement des décès de la population de l'Angleterre de 1838 jusqu'en 1854.

Les Tables de mortalité de M. Alexander Glen Finlaison, fils et successeur de M. John Finlaison, actuaire ou calculateur de la Commission de la réduction de la Dette anglaise, quoique plus récentes et probablement plus exactes que celles de son père, ne sont pas appliquées aux tarifs des rentes viagères de l'État en remplacement de celles-ci. Elles seraient plus avantageuses aux rentiers, et particulièrement aux femmes, dont la mortalité diffère moins de celle des hommes, d'après les observations recueillies par M. Finlaison fils, que ne le constataient les faits observés par M. Finlaison père, parmi les mêmes classes de rentiers ou de tontiniers jusqu'en 1823.

Les Tables du Dr Farr, dressées sur la population générale et indiquant, par conséquent, une mortalité plus rapide que celle qui est constatée par les précédentes, servent pour l'établissement des tarifs concernant les assurances de capitaux payables au décès contractées par l'entremise des Caisses d'épargne, en leur qualité d'intermédiaires des Commissaires de la réduction de la Dette. On peut voir, dans les tableaux ci-annexés, la différence qui existe entre ces deux Tables, non-seulement en ce qui concerne la loi générale de mortalité, mais plus particulièrement en ce qui constate la mortalité relative des deux sexes à chaque âge dans un même pays, suivant les conditions.

La comparaison entre les Tables dressées, il y a trente ans, par M. Demonferrand, qui établissent aussi la distinction entre les deux sexes, et les Tables du Dr Farr, peut offrir un certain intérêt, surtout en ce qui concerne la mortalité relative des hommes et des femmes en France et en Angleterre. Il y a cependant lieu de faire remarquer que les observations sur lesquelles sont fondées les Tables anglaises ont été recueillies plus récemment et, en apparence, avec plus de soin que ne paraissent l'avoir été celles qui ont servi de base aux Tables françaises, la valeur des documents dont s'est servi M. Demonferrand ayant été vivement contestée à l'époque où il soumit son travail à l'examen de l'Académie des Sciences.

On voit, dans les tableaux comparatifs ci-annexés, combien les Tables de Northampton et de Duvillard, employées encore par certaines Compagnies d'assurances en France et en Angleterre, diffèrent, par la rapidité des extinctions, des Tables plus récemment construites, tandis que celles de Carlisle, considérées autrefois comme donnant une mortalité beaucoup trop lente, se rapprochent sensiblement des Tables nouvelles.

Quant à la Table de Deparcieux, elle sort assez victorieusement de cette épreuve comparative et, bien que dressée depuis plus d'un siècle, elle paraît représenter maintenant une mortalité moyenne assez vraie, si l'on excepte celle qu'elle indique pour les bas âges et l'inexactitude manifeste de la limite de la vie ordinaire à quatre-vingt-quinze ans.

Les différences principales constatées entre cette Table et celle que j'ai dressée d'après les décès constatés parmi les membres de la tontine Lafarge peuvent être expliquées par la différence des habitudes de la génération actuelle comparées à celles des populations d'il y a cent ans.

De trois à dix ans, la mortalité indiquée par Deparcieux est infiniment plus rapide que celle des tontiniers Lafarge; l'écart le plus grand entre la courbe de survie des deux Tables est à quatorze ans; après cet âge, les deux lignes se rapprochent, particulièrement de dix-huit à trente ans (*voir* le tableau comparatif page 37). La connaissance et l'application moins parfaite des lois de l'hygiène dans des familles beaucoup plus nombreuses expliquent facilement la plus grande mortalité des enfants constatée par Deparcieux il y a plus de cent ans; tandis que les travaux intellectuels généralement plus précoces, les guerres, l'émancipation plus tôt complète de la jeunesse de ce siècle, peuvent expliquer la mortalité comparative plus grande, pendant cette période, parmi les membres de la Caisse Lafarge que parmi les tontiniers de 1689 et de 1696. Un mouvement contraire de la courbe apparaît vers quarante ans; après cinquante ans, les courbes des deux Tables de survie se rapprochent sensiblement sans jamais se rencontrer et se séparent définitivement à quatre-vingt-quinze ans, époque à laquelle Deparcieux pose la limite de la vie humaine, tandis que l'on voit plusieurs tontiniers Lafarge dépasser le siècle, et l'un d'eux (une femme) atteindre l'âge de cent cinq ans.

Il résulte de la comparaison des diverses Tables ci-annexées que la mortalité des tontiniers ou des rentiers viagers diffère de la mortalité générale de la population dans un même pays, et que la mortalité des hommes diffère de celle des femmes. L'expérience des Compagnies d'assurances, démontrée par leur pratique habituelle, constate que la mortalité des gens qui assurent leur vie diffère aussi, mais en sens opposé, de la mortalité générale.

Les tarifs de rentes viagères doivent, en effet, différer autant par leur base, des tarifs d'assurances de capitaux au décès, que diffèrent les probabilités de survie des personnes qui veulent effectuer l'une ou l'autre de ces opérations financières.

L'individu qui veut placer son argent à fonds perdu est naturellement satisfait de l'état de sa santé et rassuré sur la solidité de sa constitution. Comme le dit un auteur spécial du XVIIIe siècle, « ceux qui sont malades et languissants constituent peu de rentes viagères, et les parents qui placent pour leurs enfants ont soin de choisir ceux dont le tempérament vigoureux promet une longue vie. »

Le rentier viager, étant de dispositions prévoyantes, est économe, réglé dans ses habitudes et soigneux de sa personne; il a de plus grandes chances de longévité que l'homme imprévoyant, dépensier, menant une vie agitée ou irrégulière.

Celui qui songe à assurer après sa mort l'existence de sa famille est bien, lui aussi, prévoyant et économe, mais sa situation est presque toujours l'opposée de celle du précédent; il mène, le plus généralement, une vie de travail, de fatigues ou de soucis provenant de l'activité qu'il doit déployer pour faire produire à son intelligence ou à ses bras tout le bien-être qu'il donne, de son vivant, à ceux qui l'entourent. S'il pense à sa santé, à sa constitution physique, c'est avec la crainte que l'une ou l'autre ne cède un jour sous le poids de son labeur; il n'a pas le temps de les soigner, il est lancé dans une sphère d'activité dont le mouvement l'entraîne; il prospère, c'est vrai, mais tout repose sur sa tête; sa femme, ses enfants tiennent tout ce qu'ils ont de lui, de son travail; s'il s'arrête, s'il meurt, tout s'arrête, tout meurt avec lui. C'est le cas de consacrer une partie du revenu actuel à assurer, après lui, le bien-être de sa famille; il ne songe à cette mesure de prudence que parce qu'il pense que la vie qu'il mène est remplie de fatigues exceptionnelles, d'anxiétés énervantes, de causes nombreuses, enfin, d'abréviation de son existence. Il vient donc à l'établissement de prévoyance avec des pensées contraires à celles qui préoccupent l'homme qui veut s'assurer à lui-même une vieillesse tranquille; il a des chances de mortalité plus grandes que ce dernier; ils savent tous deux qu'ils ont ces chances si différentes : c'est pour cela qu'ils effectuent des opérations financières inverses.

Si ces deux assurances opposées étaient obligatoires ou généralement pratiquées, et si elles étaient effectuées par une seule institution financière, cette institution pourrait se servir d'une seule Table de mortalité pour l'établissement des tarifs de rentes viagères et de capitaux à rembourser au décès. Il suffirait alors de trouver une Table qui donnât la moyenne exacte entre la loi de mortalité des rentiers et celle des assurés après décès, car autrement l'une de ces deux classes pourrait être favorisée aux dépens de l'autre.

L'expérience des Compagnies particulières serait, pour arriver à ce but, très-précieuse à consulter, mais les résultats n'en sont pas rendus publics. Il paraît cependant certain que ces Compagnies se servent de Tables de mortalité différentes pour les tarifs de rentes viagères et pour les tarifs d'assurances en cas de décès, et que la plupart d'entre elles font une distinction entre les transactions opérées avec les individus appartenant à un sexe ou à l'autre.

La Caisse de retraites pour la vieillesse, dans les dispositions réglementaires de laquelle se trouvent, à la fois, et la faculté à tous les déposants de réserver le remboursement du capital au décès, et l'obligation, pour les déposants mariés, de partager leurs versements par moitié avec leurs conjoints, la Caisse de retraites, dont les opérations comportent, le plus souvent, les chances inverses dont il vient d'être parlé, a pu adopter pour base de ses tarifs une seule et unique Table de mortalité.

Cette Table paraît avoir été heureusement choisie, ainsi qu'on l'a dit plus haut, puisque ses inexactitudes sont telles que, dans l'ensemble de l'application des tarifs dont elle est la base, elles paraissent se compenser. Cette compensation serait encore plus certaine si, comme il en est question, le même établissement était chargé d'assurer des capitaux au décès, dans des conditions et dans les limites analogues à celles qui lui sont fixées pour la constitution des rentes viagères.

L'Angleterre nous a précédés dans cette voie ; depuis la loi de 1829 (1) qui a fixé de nouvelles conditions à l'autorisation qu'avaient, depuis longtemps, les Commissaires de la réduction de la Dette, d'émettre des titres de rentes viagères en échange de titres du fonds consolidé,

---

(1) Cette loi, relative au service des rentes viagères, rend passibles de la peine de mort les personnes déclarées coupables de falsification, d'émission ou usage de pièces quelconques reconnues fausses et présentées ou utilisées dans l'intérêt des rentiers viagers ou par eux-mêmes.

La même peine atteint les complices les plus indirects du crime.

La loi de 1853 a modifié ces dispositions en édictant simplement l'application des lois pénales ordinaires concernant le faux; il est vrai que cette mansuétude est compensée par l'institution de récompenses en faveur des délateurs.

ou *stock*, et pour l'exécution de laquelle ont été promulgués des tarifs à échelle mobile dont les chiffres s'élèvent et s'abaissent avec les cours de la Bourse, plusieurs lois ont donné, et successivement étendu la faculté d'émettre ces rentes viagères, aux Caisses d'épargne d'ancience origine et ensuite aux Caisses d'épargne postales. C'est un acte du Parlement, dit de la 3e année du règne de Guillaume IV, chapitre XIV, et portant la date du 10 juin 1833, qui a autorisé les Caisses d'épargne à recevoir de leurs déposants des versements ayant pour objet de constituer des rentes viagères, et ce n'est que l'acte dit de la 16e-17e année du règne de Victoria, chapitre XLV, et daté du 4 août 1853, qui les a autorisées à contracter des assurances en cas de mort; mais en restreignant cette autorisation et n'accordant cette faculté qu'aux déposants qui se constituent en même temps des rentes viagères, ce qui correspond exactement, par la limitation des sommes admissibles pour cet objet, aux versements faits à la Caisse de retraites pour la vieillesse, en France, sous la condition de réserve du capital. (*Voir* aux annexes.)

La loi du 14 juillet 1864 (acte dit de la 27e et 28e année de Victoria, chapitre XLIII), dont une traduction est annexée plus loin, et qui est actuellement en vigueur, a mis de côté ces restrictions, et les déposants ou clients des Caisses d'épargne peuvent, dès l'âge de seize ans et jusqu'à soixante ans, se constituer, au moyen de versements facultatifs, des rentes viagères à jouissance différée ou immédiate sur une seule tête, et des rentes viagères à jouissance immédiate sur deux têtes au minimum de 4 livres sterling (100 francs) et au maximum de 50 livres sterling (1250 francs). Ils peuvent également, par le versement de primes uniques annuelles ou mensuelles à leur choix, s'assurer le payement à leur décès d'une somme qui ne peut être inférieure à 20 livres sterling (500 francs) ni supérieure à 100 livres sterling (2500 francs).

Les tarifs des rentes viagères à jouissance immédiate ou différée, qui varient suivant le sexe, ont pour base l'intérêt composé à raison de 3,25 pour 100 par an et la Table de mortalité de M. Finlaison père. Quant au tarif des primes d'assurances après décès, qui est le même pour les deux sexes, il est basé sur le taux de 3 pour 100 et sur la Table de mortalité des hommes dressée par le Dr W. Farr, d'après les observations faites au moyen de l'enregistrement des naissances et des décès sur la population générale de la Grande-Bretagne. Cette Table, dite n° 3, qui a été publiée en 1864, est comprise dans les tableaux comparatifs B, C et D.

On songe, en France, à suivre l'exemple donné par M. Gladstone en Angleterre, en mettant à la portée des classes laborieuses les assurances en cas de mort, qui leur sont plus nécessaires encore qu'aux autres. Assurer à une famille soudainement privée du chef qui la fait vivre au jour le jour le payement de quelques centaines de francs, au moyen de versements annuels si minimes, qu'aucune Compagnie privée ne trouverait avantage à les recueillir par toute la France, comme peut le faire une Caisse de l'État, est une tâche naturellement dévolue à la Caisse de retraites pour la vieillesse et aux Sociétés de secours mutuels, ses clientes habituelles et ses intermédiaires naturels. C'est, du reste, le complément indiqué de cette institution de prévoyance, qui offre déjà les petites assurances en cas de vie, par les rentes viagères qu'elle constitue, et même un commencement d'assurances en cas de mort, par la combinaison des versements effectués sous la condition de réserve ou de remboursement du capital au décès.

Mais il n'est pas nécessaire de pousser l'imitation jusqu'à la copie, et il sera plus conforme à l'esprit du législateur français de donner à ces institutions connexes une base uniforme, dans laquelle le public verra une nouvelle preuve des intentions de l'État, qui ne veut rien gagner, tout en cherchant à ne rien perdre par les opérations des Caisses de prévoyance qu'il crée dans l'intérêt des populations laborieuses et économes.

Une même Table de mortalité, servant à établir les tarifs des rentes viagères et des assurances après décès, est une simplification en même temps qu'une preuve d'équité. Si un jour la Table de Deparcieux ne représente plus la mortalité moyenne des clients des deux institutions, ce qui sera constaté aussitôt par les bilans de leur situation financière, dressés annuellement dans les formes indiquées plus haut, et approuvées par M. Mathieu, Membre de l'Institut, les tarifs pourront être modifiés, soit par l'adoption d'une autre Table, soit par un changement dans le taux de l'intérêt modifiant uniformément les effets de la Table en usage, suivant le cas.

La Table de mortalité dressée d'après les décès constatés dans la tontine Lafarge n'est pas donnée ici, je le répète, comme devant remplacer celle de Deparcieux, mais comme pouvant, avec celles qui pourront être dressées plus tard, soit d'après les observations faites sur la mortalité des déposants, rentiers ou assurés de la Caisse de retraites pour la vieillesse, des membres de Sociétés de secours mutuels ou autres, soit d'après les faits recueillis dans les Compagnies particulières, permettre d'établir une Table de mortalité moyenne, qui puisse servir de base aux tarifs d'une institution chargée de constituer des rentes viagères et d'assurer le payement de capitaux après décès. Une Table de mortalité ainsi équilibrée par des moyennes offrira d'autant plus de sécurité à une semblable institution que celle-ci se trouvera placée dans des conditions telles, au point de vue de la limite des sommes assurées sur chaque tête, et en raison de l'étendue de ses opérations, que la loi des grands nombres lui sera plus certainement applicable qu'à toute autre.

TABLEAUX.

TABLEAU A. — **Mortalité des membres de la tontine Lafarge.** — Calculs préparatoires pour établir le nombre des décédés sur 1 000 vivants à chaque âge.

TABLEAU B. — Comparaison de diverses Tables de **Mortalité** établie sur 1 000 vivants à chaque âge.

TABLEAU C. — Comparaison de diverses Tables de **Survie** ramenées à 1 000 vivants à 3 ans.

TABLEAU D. — Comparaison de diverses Tables de la **Vie moyenne** à chaque âge.

MORTALITÉ DES MEMBRES

CALCULS PRÉPARATOIRES pour établir le nombre

TABLEAU A.

AGE. — x	$V_{x-1} - d_{x-1}$	VIVANTS en 1793. — v_x	SURVIVANTS. — $V_x = (V_{x-1} - d_{x-1}) + v_x$	DÉCÉDÉS. — d_x	$\log d_x$
1 an.	»	348	348	5	0,698 9700
2 ans.	343	426	769	9	0,954 2425
3 ans.	760	513	1 273	16	1,204 1200
4 ans.	1 257	568	1 825	10	1,000 0000
5 ans.	1 815	703	2 518	16	1,204 1200
6 ans.	2 502	687	3 189	11	1,041 3927
7 ans.	3 178	726	3 904	21	1,322 2193
8 ans.	3 883	744	4 627	13	1,113 9434
9 ans.	4 614	785	5 399	24	1,380 2112
10 ans.	5 375	741	6 116	28	1,447 1580
11 ans.	6 088	724	6 812	33	1,518 5139
12 ans.	6 779	782	7 561	28	1,447 1580
13 ans.	7 533	773	8 306	47	1,672 0979
14 ans.	8 259	750	9 009	47	1,672 0979
15 ans.	8 962	814	9 776	50	1,698 9700
16 ans.	9 726	750	10 476	44	1,643 4527
17 ans.	10 432	719	11 151	86	1,934 4985
18 ans.	11 065	675	11 740	90	1,954 2425
19 ans.	11 650	705	12 355	105	2,021 1893
20 ans.	12 250	641	12 891	129	2,110 5897
21 ans.	12 762	636	13 398	129	2,110 5897
22 ans.	13 269	695	13 964	126	2,100 3705
23 ans.	13 838	656	14 494	134	2,127 1048
24 ans.	14 360	665	15 025	136	2,133 5389
25 ans.	14 889	665	15 554	143	2,155 3360
26 ans.	15 411	761	16 172	122	2,086 3598
27 ans.	16 050	751	16 801	161	2,206 8259
28 ans.	16 640	744	17 384	163	2,212 1876
29 ans.	17 221	827	18 048	126	2,100 3705
30 ans.	17 922	770	18 692	151	2,178 9769

DE LA TONTINE LAFARGE.

des décédés sur 1 000 vivants à chaque âge.

TABLEAU A.

$\log V_x$	$\log \frac{1000 d_x}{V_x}$	$D_x = \frac{1000 d_x}{V_x}$	$S_x = D_{x-1} + D_x + D_{x+1}$	NOMBRE de DÉCÉDÉS sur 1 000 vivants. $D'_x = \frac{S_x}{3}$
2,541 5792	1,157 3908	14,36 7	»	»
2,885 9263	1,068 3162	11,70 3	38,63 8	12,87 93
3,104 8284	1,099 2916	12,56 8	29,75 0	9,91 66
3,261 2629	0,738 7371	5,47 9	24,40 1	8,13 36
3,401 0557	0,803 0643	6,35 4	15,28 2	5,09 40
3,503 6545	0,537 7382	3,44 9	15,18 2	5,06 06
3,591 5098	0,730 7095	5,37 9	11,63 7	3,87 90
3,665 2995	0,448 6439	2,80 9	12,63 3	4,21 10
3,732 3133	0,647 8979	4,44 5	11,83 2	3,94 40
3,786 4675	0,660 6905	4,57 8	13,86 7	4,62 23
3,833 2746	0,685 2393	4,84 4	13,12 5	4,37 50
3,878 5792	0,568 5788	3,70 3	14,20 5	4,73 50
3,919 3919	0,752 7060	5,65 8	14,57 8	4,85 93
3,954 6766	0,717 4213	5,21 7	15,98 9	5,32 96
3,990 1612	0,708 8088	5,11 4	14,53 1	4,84 36
4,020 1955	0,623 2572	4,20 0	17,06 1	5,68 70
4,045 3138	0,889 1847	7,74 7	19,61 3	6,53 76
4,069 6681	0,884 5744	7,66 6	23,91 1	7,97 03
4,091 8427	0,929 3466	8,49 8	26,17 0	8,72 33
4,110 2866	1,000 3031	10,00 6	28,13 2	9,37 73
4,127 0400	0,983 5497	9,62 8	28,65 7	9,55 23
4,145 0098	0,955 3607	9,02 3	27,89 6	9,29 86
4,161 1883	0,965 9165	9,24 5	27,31 9	9,10 63
4,176 8145	0,956 7244	9,05 1	27,48 9	9,16 30
4,191 8421	0,963 4939	9,19 3	25,78 7	8,59 56
4,208 7637	0,877 5961	7,54 3	26,31 9	8,77 30
4,225 3093	0,981 5166	9,58 3	26,50 2	8,83 40
4,240 1497	0,972 0379	9,37 6	25,94 0	8,64 66
4,256 4291	0,843 9414	6,98 1	24,43 5	8,14 50
4,271 6558	0,907 3211	8,07 8	22,99 7	7,66 56

MORTALITÉ DES MEMBRES

CALCULS PRÉPARATOIRES pour établir le nombre

Tableau A.

AGE. — x	$V_{x-1} - d_{x-1}$	VIVANTS en 1793. — v_x	SURVIVANTS. — $V_x = (V_{x-1} - d_{x-1}) + v_x$	DÉCÉDÉS. — d_x	$\log d_x$
31 ans.	18 541	731	19 272	153	2,184 6914
32 ans.	19 119	772	19 891	153	2,184 6914
33 ans.	19 738	759	20 497	149	2,173 1863
34 ans.	20 348	765	21 113	157	2,195 8997
35 ans.	20 956	846	21 802	172	2,235 5284
36 ans.	21 630	749	22 379	177	2,247 9733
37 ans.	22 202	810	23 012	180	2,255 2725
38 ans.	22 832	813	23 645	179	2,252 8530
39 ans.	23 466	1 037	24 503	192	2,283 3012
40 ans.	24 311	1 013	25 324	221	2,344 3923
41 ans.	25 103	1 024	26 127	209	2,320 1463
42 ans.	25 918	887	26 805	228	2,357 9348
43 ans.	6 577	852	27 429	232	2,365 4880
44 ans.	27 197	788	27 985	248	2,394 4517
45 ans.	27 737	572	28 309	292	2,465 3829
46 ans.	28 017	556	28 573	330	2,518 5139
47 ans.	28 243	540	28 783	330	2,518 5139
48 ans.	28 453	536	28 989	376	2,575 1878
49 ans.	28 613	487	29 100	396	2,597 6952
50 ans.	28 704	405	29 109	379	2,578 6392
51 ans.	28 730	517	29 247	425	2,628 3889
52 ans.	28 822	424	29 246	441	2,644 4386
53 ans.	28 805	376	29 181	475	2,676 6936
54 ans.	28 706	271	28 977	465	2,667 4530
55 ans.	28 512	237	28 749	489	2,689 3089
56 ans.	28 260	174	28 434	532	2,725 9116
57 ans.	27 902	183	28 085	562	2,749 7363
58 ans.	27 523	229	27 752	557	2,745 8552
59 ans.	27 195	168	27 363	617	2,790 2852
60 ans.	26 746	130	26 876	693	2,840 7332

: LA TONTINE LAFARGE.

décédés sur 1 000 vivants à chaque âge. (Suite.)

TABLEAU A.

$\log V_x$	$\log \frac{1000\,d_x}{V_x}$	$D_x = \frac{1000\,d_x}{V_x}$	$S_x = D_{x-1}+D_x+D_{x+1}$	NOMBRE de DÉCÉDÉS sur 1 000 vivants. $D'_x = \frac{S_x}{3}$
,284 9268	0,899 7646	7,93 8	23,70 7	7,90 23
,298 6566	0,886 0348	7,69 1	22,89 8	7,63 26
,311 6903	0,861 4960	7,26 9	22,39 6	7,46 53
,324 5499	0,871 3498	7,43 6	22,59 4	7,53 13
,338 4963	0,897 0321	7,88 9	23,23 4	7,74 46
,349 8407	0,898 1326	7,90 9	23,62 0	7,87 33
,361 9355	0,893 3370	7,82 2	23,30 1	7,76 70
,373 7393	0,879 1137	7,57 0	23,22 7	7,74 23
,389 2193	0,894 0819	7,83 5	24,13 1	8,04 36
,403 5323	0,940 8600	8,72 6	24,56 0	8,18 66
,417 0895	0,903 0568	7,99 9	25,22 9	8,40 96
,428 2644	0,929 6704	8,50 4	24,95 8	8,31 93
,438 2100	0,927 2780	8,45 5	25,82 0	8,60 66
,446 9253	0,947 5264	8,86 1	27,63 0	9,21 00
,451 9245	1,013 4584	10,31 4	30,72 4	10,24 13
,455 9558	1,062 5581	11,54 9	33,32 8	11,10 93
,459 1361	1,059 3778	11,46 5	35,98 4	11,99 46
,462 2332	1,112 9546	12,97 0	38,04 3	12,68 10
,463 8930	1,133 8022	13,60 8	39,59 8	13,19 93
,464 0273	1,114 6119	13,02 0	41,15 9	13,71 96
,466 0813	1,162 3076	14,53 1	42,62 9	14,20 96
,466 0665	1,178 3721	15,07 8	45,88 6	15,29 53
,465 1002	1,211 5934	16,27 7	47,40 1	15,80 03
,462 0534	1,205 3996	16,04 6	49,33 2	16,44 40
,458 6227	1,230 6862	17,00 9	51,76 4	17,25 46
,453 8380	1,272 0736	18,70 9	55,72 8	18,57 60
,448 4744	1,301 2619	20,01 0	58,78 9	19,59 63
,443 2943	1,302 5609	20,07 0	62,62 8	20,87 60
,437 1637	1,353 1215	22,54 8	68,40 3	22,80 10
,429 3646	1,411 3686	25,78 5	77,13 8	25,71 26

MORTALITÉ DES MEMBRES

CALCULS PRÉPARATOIRES pour établir le nombre

TABLEAU A.

AGE. — x	$V_{x-1} - d_{x-1}$	VIVANTS en 1793. — v_x	SURVIVANTS. — $V_x = (V_{x-1} - d_{x-1}) + v_x$	DÉCÉDÉS. — d_x	log d_x
61 ans.	26 183	97	26 280	757	2,879 0959
62 ans.	25 523	93	25 616	719	2,856 7289
63 ans.	24 897	97	24 994	807	2,906 8735
64 ans.	24 187	48	24 235	826	2,916 9800
65 ans.	23 409	53	23 462	906	2,957 1282
66 ans.	22 556	43	22 599	946	2,975 8911
67 ans.	21 653	24	21 677	1 003	3,001 3009
68 ans.	20 674	32	20 706	1 018	3,007 7477
69 ans.	19 688	17	19 705	970	2,986 7717
70 ans.	18 735	16	18 751	1 071	3,029 7894
71 ans.	17 680	9	17 689	1 172	3,068 9276
72 ans.	16 517	8	16 525	1 097	3,040 2066
73 ans.	15 428	4	15 432	1 199	3,078 8192
74 ans.	14 233	5	14 238	1 198	3,078 4568
75 ans.	13 040	3	13 043	1 163	3,065 5797
76 ans.	11 880	2	11 882	1 184	3,073 3517
77 ans.	10 698	1	10 699	1 125	3,051 1525
78 ans.	9 574	1	9 575	1 142	3,057 6661
79 ans.	8 433	»	8 433	1 015	3,006 4660
80 ans.	7 418	1	7 419	1 006	3,002 5979
81 ans.	6 413	1	6 414	933	2,969 8816
82 ans.	5 481	1	5 482	834	2,921 1661
83 ans.	4 648	»	4 648	824	2,915 9272
84 ans.	3 824	»	3 824	710	2,851 2583
85 ans.	3 114	»	3 114	637	2,804 1394
86 ans.	2 477	»	2 477	511	2,708 4209
87 ans.	1 966	»	1 966	426	2,629 4096
88 ans.	1 540	»	1 540	369	2,567 0264
89 ans.	1 171	»	1 171	294	2,468 3473
90 ans.	877	»	877	266	2,424 8816

DE LA TONTINE LAFARGE.

les décédés sur 1 000 vivants à chaque âge. (Suite.)

TABLEAU A.

$\log V_x$	$\log \frac{1000 d_x}{V_x}$	$D_x = \frac{1000 d_x}{V_x}$	$S_x = D_{x-1} + D_x + D_{x+1}$	NOMBRE de DÉCÉDÉS sur 1 000 vivants. $D'_x = \frac{S_x}{3}$
4,419 6254	1,459 4705	28,80 5	82,65 8	27,55 26
4,408 5113	1,448 2176	28,06 8	89,16 0	29,72 00
4,397 8358	1,509 0377	32,28 7	94,43 7	31,47 90
4,384 4430	1,532 5370	34,08 2	104,98 4	34,99 46
4,370 3650	1,586 7632	38,61 5	114,55 8	38,18 60
4,354 0892	1,621 8019	41,86 1	126,74 6	42,24 86
4,335 9992	1,665 3017	46,27 0	137,29 5	45,76 50
4,316 0962	1,691 6515	49,16 4	144,66 0	48,22 00
4,294 5764	1,692 1953	49,22 6	155,50 6	51,83 53
4,273 0244	1,756 7650	57,11 6	172,59 7	57,53 23
4,247 7033	1,821 2243	66,25 5	189,75 5	63,25 16
4,218 1415	1,822 0651	66,38 4	210,33 4	70,11 13
4,188 4222	1,890 3970	77,69 5	228,22 0	76,07 33
4,153 4490	1,925 0078	84,14 1	251,00 2	83,66 73
4,115 3775	1,950 2022	89,16 6	272,95 3	90,98 43
4,074 8895	1,998 4622	99,64 6	293,96 2	97,98 73
4,029 3432	2,021 8093	105,15 0	324,06 4	108,02 13
3,981 1388	2,076 5273	119,26 8	344,77 8	114,92 60
3,925 9821	2,080 4839	120,36 0	375,22 5	125,07 50
3,870 3454	2,132 2525	135,59 7	401,42 0	133,80 66
3,807 1290	2,162 7526	145,46 3	433,19 4	144,39 80
3,738 9390	2,182 2271	152,13 4	474,87 7	158,29 23
3,667 2661	2,248 6611	177,28 0	515,08 3	171,69 43
3,582 5179	2,268 7404	185,66 9	567,50 9	189,16 96
3,493 3186	2,310 8208	204,56 0	596,52 6	198,84 20
3,393 9260	2,314 4949	206,29 7	627,54 5	209,18 16
3,293 5835	2,335 8261	216,68 8	662,59 5	220,86 50
3,187 5207	2,379 5057	239,61 0	707,36 5	235,78 83
3,068 5569	2,399 7904	251,06 7	793,98 3	264,66 10
2,942 9996	2,481 8820	303,30 6	862,06 5	287,35 50

MORTALITÉ DES MEMBRES

CALCULS PRÉPARATOIRES pour établir le nombre

TABLEAU A.

AGE. — x	$V_{x-1} - d_{x-1}$	VIVANTS en 1793. — v_x	SURVIVANTS. — $V_x = (V_{x-1} - d_{x-1}) + v_x$	DÉCÉDÉS. — d_x	$\log d_x$
91 ans.	611	»	611	188	2,274 1578
92 ans.	423	»	423	127	2,103 8037
93 ans.	296	»	296	89	1,949 3900
94 ans.	207	»	207	80	1,903 0900
95 ans.	127	»	127	43	1,633 4685
96 ans.	84	»	84	31	1,492 7604
97 ans.	53	»	53	20	1,301 0300
98 ans.	33	»	33	10	1,000 0000
99 ans.	23	»	23	14	1,146 1280
100 ans.	9	»	9	3	0,477 1213
101 ans.	6	»	6	3	0,477 1213
102 ans.	3	»	3	1	»
103 ans.	2	»	2	1	»
104 ans.	1	»	1	»	»
105 ans.	1	»	1	1	»

A TONTINE LAFARGE.

édés sur 1 000 vivants à chaque âge. (Suite.)

TABLEAU A.

V_x	$\log \frac{1000 d_x}{V_x}$	$D_x = \frac{1000 d_x}{V_x}$	$S_x = D_{x-1} + D_x + D_{x+1}$	NOMBRE de DÉCÉDÉS sur 1 000 vivants. $D'_x = \frac{S_x}{3}$
0412	2,488 1166	307,69 2	911,23 4	303,74 46
3404	2,477 4633	300,23 6	908,60 3	302,86 76
2917	2,478 0983	300,67 5	987,38 4	329,12 80
9703	2,587 1197	386,47 3	1 025,73 0	341,91 00
8037	2,529 6648	338,58 2	1 095,29 3	365,09 76
2793	2,568 4811	370,23 8	1 086,17 8	362,05 93
2759	2,576 7541	377,35 8	1 050,62 6	350,20 86
5139	2,481 4861	303,03 0	1 289,08 3	429,69 43
7278	2,784 4002	608,69 5	1 245,05 8	415,01 93
2425	2,522 8788	333,33 3	1 442,02 8	480,67 60
1513	2,698 9700	500,00 0	1 166,66 6	388,88 86
1213	2,522 8787	333,33 3	1 333,33 3	444,44 43
0300	2,698 9700	500,00 0	1 333,33 3	444,44 43
	»	1 000,00 0	2 000,00 0	666,66 66
	3,000 0000	1 000,00 0	3 000,00 0	1 000,00 00

COMPARAISON de diverses Tables de MORTAI

TABLEAU B.

AGES.	DEPARCIEUX. — TONTINIERS. — FRANCE. — De 1689 à 1742.	BEAUVISAGE. — TONTINIERS. — FRANCE. — Caisse Lafarge. De 1793 à 1864.	ALEXANDER GLEN FINLAISON. — TONTINIERS ET RENTIERS VIAGERS. — ANGLETERRE. — De 1773 à 1854.		J. MIL — POPULAT — CARLIS — De 17 à 178
			HOMMES.	FEMMES.	
0 an.	»	»	»	»	153,
1 an.	»	»	»	»	80,
2 ans.	»	»	»	»	64,
3 ans.	30,00	9,92	9,78	10,75	37,
4 ans.	22,68	8,13	9,07	9,38	28,
5 ans.	18,99	5,09	8,37	8,28	17,
6 ans.	16,13	5,06	7,69	7,41	12,
7 ans.	14,21	3,88	7,05	6,74	8,
8 ans.	13,30	4,21	6,46	6,13	6,
9 ans.	11,24	3,94	5,97	5,70	5,
10 ans.	9,09	4,62	5,65	5,49	4,
11 ans.	6,88	4,38	5,52	5,51	4,
12 ans.	6,93	4,74	5,63	5,73	5,
13 ans.	6,98	4,86	5,97	6,13	5,
14 ans.	7,03	5,33	6,52	6,66	5,
15 ans.	7,08	4,84	7,29	7,20	6,
16 ans.	8,31	5,69	8,24	7,68	6,
17 ans.	8,38	6,54	9,32	8,04	6,
18 ans.	8,45	7,97	10,47	8,28	7,
19 ans.	8,53	8,72	11,61	8,38	7,
20 ans.	9,83	9,38	12,58	8,40	7,
21 ans.	9,93	9,55	13,27	8,37	6,
22 ans.	10,03	9,30	13,64	8,32	7,
23 ans.	10,13	9,11	13,68	8,29	7,
24 ans.	10,23	9,16	13,43	8,27	7,
25 ans.	10,34	8,60	13,02	8,29	7,
26 ans.	10,44	8,77	12,55	8,35	7,
27 ans.	10,55	8,83	12,11	8,46	7,
28 ans.	10,67	8,65	11,74	8,61	8,
29 ans.	10,78	8,15	11,48	8,79	9,
30 ans.	10,90	7,67	11,36	8,99	10,

ies sur 1 000 vivants à chaque âge.

TABLEAU B.

PRICE. — ULATION. — IAMPTON. — 1735 1781.	DUVILLARD. — POPULATION. — FRANCE. — Avant la Révolution.	DEMONFERRAND. — POPULATION. — FRANCE. — De 1817 à 1832. HOMMES.	FEMMES.	Dr WILLIAM FARR. — POPULATION. — ANGLETERRE. — De 1838 à 1854. HOMMES.	FEMMES.
57,50	232,48	176,70	152,70	183,26	147,49
58,00	124,67	63,90	62,00	66,80	64,36
58,90	70,20	37,70	36,80	36,24	36,03
49,40	41,55	25,40	25,20	24,16	24,50
30,60	25,99	18,90	18,70	17,99	17,85
29,40	17,36	15,20	15,10	13,69	13,37
23,10	12,54	12,50	12,70	10,88	10,61
18,60	9,88	10,80	10,50	9,20	9,12
13,80	8,50	9,10	8,90	7,67	7,71
10,50	7,86	7,90	7,60	6,49	6,64
9,20	7,68	6,50	6,40	5,63	5,87
8,90	7,79	5,50	5,50	5,07	5,37
9,00	8,06	5,10	5,00	4,78	5,12
9,10	8,44	4,80	5,40	4,72	5,09
9,10	8,88	5,20	6,40	4,86	5,24
9,20	9,36	5,70	6,60	5,19	5,56
9,90	9,84	6,30	6,70	5,64	6,01
10,90	10,33	6,70	6,80	6,22	6,58
12,00	10,81	7,20	7,00	6,88	7,21
12,90	11,29	7,90	7,20	7,59	7,89
14,00	11,75	9,00	7,90	8,32	8,60
14,80	12,19	10,50	8,70	8,50	8,82
15,00	12,62	11,60	9,10	8,68	9,04
15,30	13,03	12,30	9,10	8,86	9,25
15,50	13,42	12,20	9,10	9,03	9,46
15,80	13,80	11,10	9,10	9,20	9,66
16,00	14,16	9,50	9,10	9,38	9,85
16,30	14,51	8,80	9,10	9,55	10,05
16,50	14,84	8,60	9,20	9,74	10,24
16,80	15,17	8,50	9,40	9,93	10,43
17,10	15,49	8,40	9,60	10,13	10,63

COMPARAISON de diverses Tables de MORTALI

Tableau B.

AGES.	DEPARCIEUX. — TONTINIERS. — FRANCE. — De 1689 à 1742.	BEAUVISAGE. — TONTINIERS. — FRANCE. — Caisse Lafarge. De 1793 à 1864.	Alexander Glen FINLAISON. — TONTINIERS ET RENTIERS VIAGERS. — ANGLETERRE. — De 1773 à 1854.		J. MILN — POPULATIO — CARLISL — De 177 à 1787.
			HOMMES.	FEMMES.	
31 ans.	11,02	7,90	11,37	9,19	10,20
32 ans.	11,14	7,63	11,51	9,39	10,10
33 ans.	11,27	7,47	11,76	9,57	10,10
34 ans.	11,40	7,53	12,08	9,74	10,20
35 ans.	11,53	7,74	12,43	9,89	10,30
36 ans.	11,66	7,87	12,75	10,02	10,60
37 ans.	10,32	7,77	13,03	10,14	10,90
38 ans.	10,43	7,74	13,24	10,25	11,20
39 ans.	10,54	8,04	13,39	10,35	11,90
40 ans.	10,65	8,19	13,48	10,48	13,00
41 ans.	10,77	8,41	13,53	10,64	13,80
42 ans.	10,89	8,32	13,57	10,84	14,40
43 ans.	11,01	8,61	13,62	11,08	14,60
44 ans.	11,13	9,21	13,70	11,36	14,80
45 ans.	11,25	10,24	13,88	11,68	14,80
46 ans.	13,01	11,11	14,21	12,03	14,80
47 ans.	13,18	11,99	14,72	12,40	14,60
48 ans.	15,03	12,68	15,43	12,80	13,90
49 ans.	15,25	13,20	16,36	13,21	13,70
50 ans.	17,21	13,72	17,42	13,65	13,40
51 ans.	19,26	14,21	18,56	14,12	14,30
52 ans.	19,64	15,30	19,72	14,62	15,20
53 ans.	20,04	15,80	20,86	15,16	16,10
54 ans.	22,30	16,44	21,96	15,75	16,90
55 ans.	22,81	17,25	23,00	16,39	17,90
56 ans.	23,35	18,58	24,00	17,07	19,00
57 ans.	25,90	19,60	24,98	17,83	20,90
58 ans.	26,58	20,88	26,00	18,73	24,20
59 ans.	27,31	22,80	27,12	19,68	28,30
60 ans.	28,08	25,71	28,46	20,90	33,50

établies sur 1 000 vivants à chaque âge. (Suite.)

TABLEAU B.

Dr PRICE. POPULATION. NORTHAMPTON. De 1735 à 1781.	DUVILLARD. POPULATION. FRANCE. Avant la Révolution.	DEMONFERRAND. POPULATION. FRANCE. De 1817 à 1832.		Dr WILLIAM FARR. POPULATION. ANGLETERRE. De 1838 à 1854.	
		HOMMES.	FEMMES.	HOMMES.	FEMMES.
17,40	15,80	8,50	9,80	10,34	10,82
17,70	16,11	8,50	10,00	10,56	11,02
18,00	16,42	8,60	10,20	10,80	11,23
18,40	16,73	8,70	10,40	11,05	11,43
18,70	17,06	8,80	10,60	11,33	11,65
19,10	17,38	8,90	10,80	11,62	11,86
19,40	17,73	9,00	11,00	11,94	12,10
19,80	18,10	9,10	11,20	12,29	12,34
20,20	18,49	9,30	11,40	12,65	12,59
20,90	18,91	9,60	11,70	13,06	12,85
21,60	19,37	10,20	12,00	13,48	13,13
22,40	19,86	11,00	12,30	13,94	13,41
22,90	20,40	11,70	12,70	14,44	13,71
23,50	20,99	12,20	13,10	14,97	14,03
24,00	21,64	12,60	13,40	15,54	14,37
24,60	22,35	13,00	13,80	16,15	14,73
25,20	23,13	13,40	14,20	16,80	15,10
25,90	23,98	13,90	14,60	17,49	15,49
26,90	24,92	14,60	15,10	18,23	15,91
28,40	25,95	15,40	15,70	19,02	16,34
29,50	27,07	16,60	17,00	20,42	16,80
30,40	28,30	18,20	18,50	21,45	17,29
31,40	29,64	19,30	20,20	22,51	17,80
32,40	31,11	20,20	21,50	23,64	19,87
33,50	32,70	20,90	22,40	24,85	21,20
34,70	34,44	21,50	23,30	26,17	22,59
35,90	36,33	22,40	24,20	27,63	24,07
37,20	38,38	23,60	25,70	29,25	25,66
38,70	40,60	26,00	27,90	31,05	27,38
40,20	43,01	30,10	31,50	33,05	29,27

COMPARAISON de diverses Tables de MORTALITÉ

Tableau B.

AGES.	DEPARCIEUX. — TONTINIERS. — FRANCE. — De 1689 à 1742.	BEAUVISAGE. — TONTINIERS. — FRANCE. — Caisse Lafarge. De 1793 à 1864.	Alexander Glen FINLAISON. — TONTINIERS ET RENTIERS VIAGERS. — ANGLETERRE. — De 1773 à 1854. HOMMES.	FEMMES.	J. MILNE. — POPULATION. — CARLISLE. — De 1779 à 1787.
61 ans.	28,89	27,55	30,12	22,39	35,80
62 ans.	32,04	29,72	32,16	24,18	37,40
63 ans.	33,10	31,48	34,59	26,30	38,20
64 ans.	34,23	34,99	37,42	28,72	39,80
65 ans.	37,97	38,19	40,65	31,39	41,10
66 ans.	42,11	42,25	44,25	34,27	42,50
67 ans.	46,70	45,77	48,18	37,34	44,40
68 ans.	51,87	48,22	52,41	40,61	46,50
69 ans.	57,75	51,84	56,89	44,10	49,10
70 ans.	61,29	57,53	61,45	47,81	51,60
71 ans.	68,73	63,25	66,02	51,79	58,80
72 ans.	73,80	70,11	70,61	56,10	68,10
73 ans.	79,68	76,07	75,32	60,80	78,10
74 ans.	86,58	83,67	80,27	65,97	90,20
75 ans.	90,05	90,98	86,00	71,82	95,50
76 ans.	98,96	97,99	92,80	78,47	103,00
77 ans.	109,83	108,02	100,79	85,96	107,40
78 ans.	116,88	114,93	109,90	94,28	108,80
79 ans.	132,35	125,08	119,99	103,36	118,40
80 ans.	144,07	133,81	130,52	113,03	121,70
81 ans.	158,42	144,40	141,18	123,16	133,80
82 ans.	164,71	158,29	151,81	133,69	140,70
83 ans.	169,01	171,69	162,36	144,59	150,90
84 ans.	186,44	189,17	172,82	155,87	158,80
85 ans.	208,33	198,84	183,43	167,60	175,30
86 ans.	236,84	209,18	194,48	179,89	193,50
87 ans.	241,38	220,87	206,33	192,87	216,20
88 ans.	272,73	235,79	219,55	206,74	219,80
89 ans.	312,50	264,66	234,89	221,76	215,50
90 ans.	363,64	287,36	250,38	236,93	260,60

ablies sur 1 000 vivants à chaque âge. (Suite.)

TABLEAU B.

Dr PRICE. — POPULATION. — RTHAMPTON. — De 1735 à 1781.	DUVILLARD. — POPULATION. — FRANCE. — Avant la Révolution.	DEMONFERRAND. — POPULATION. — FRANCE. — De 1817 à 1832.		Dr WILLIAM FARR. — POPULATION. — ANGLETERRE. — De 1838 à 1854.	
		HOMMES.	FEMMES.	HOMMES.	FEMMES.
41,90	45,63	35,90	36,20	35,29	31,34
43,20	48,47	38,40	39,30	37,77	33,62
45,20	51,54	40,80	42,60	40,53	36,14
46,70	54,86	43,10	45,40	43,60	38,91
49,00	58,46	45,60	48,10	46,98	41,98
51,50	62,36	48,50	51,10	50,71	45,35
54,30	66,58	51,50	54,40	54,83	49,06
57,50	71,15	55,10	58,40	59,33	53,14
61,00	76,10	59,00	63,00	64,25	57,60
64,90	81,47	65,80	69,00	69,62	62,47
69,40	87,29	74,60	76,30	75,45	67,78
74,60	93,61	83,60	85,30	81,76	73,55
80,60	100,45	93,70	96,40	88,61	79,80
87,70	107,90	103,60	106,30	95,99	86,59
96,20	115,98	112,00	113,40	103,91	93,89
102,40	124,77	116,00	119,50	112,46	101,75
108,10	134,30	120,00	124,50	121,58	110,24
113,00	144,61	127,00	127,50	131,36	119,30
121,70	155,74	135,00	136,00	141,78	129,03
134,30	167,67	142,00	148,00	152,90	139,42
147,80	180,24	158,00	165,70	164,74	150,48
164,70	193,12	180,00	183,50	177,26	162,27
190,30	205,76	196,00	196,80	190,57	174,83
205,10	216,78	201,00	205,00	204,71	188,12
220,40	223,91	206,00	212,00	219,66	202,27
234,50	223,21	211,00	220,00	235,29	217,16
252,30	208,68	216,00	224,00	251,96	232,92
253,00	173,61	221,00	230,00	269,47	249,60
258,10	182,61	228,00	235,00	287,99	267,26
260,90	192,31	235,00	241,00	307,17	285,64

COMPARAISON de diverses Tables de MORTALITÉ

TABLEAU B.

AGES.	DEPARCIEUX. — TONTINIERS. — FRANCE. — De 1689 à 1742.	BEAUVISAGE. — TONTINIERS. — FRANCE. — Caisse Lafarge. De 1793 à 1864.	ALEXANDER GLEN FINLAISON. — TONTINIERS ET RENTIERS VIAGERS. — ANGLETERRE. — De 1773 à 1854.		J. MILNE. — POPULATION. — CARLISLE. — De 1779 à 1787.
			HOMMES.	FEMMES.	
91 ans.	428,57	303,74	269,35	253,81	285,80
92 ans.	500,00	302,87	292,15	272,52	280,00
93 ans.	500,00	329,13	319,19	293,21	259,30
94 ans.	1 000,00	341,91	366,48	340,72	250,00
95 ans.	»	365,10	427,60	404,11	233,30
96 ans.	»	362,06	504,60	485,84	217,40
97 ans.	»	350,21	599,49	588,41	222,20
98 ans.	»	429,69	714,29	714,29	214,30
99 ans.	»	415,02	851,02	851,02	»
100 ans.	»	480,68	1 000,00	1 000,00	»
101 ans.	»	388,89	»	»	»
102 ans.	»	444,44	»	»	»
103 ans.	»	444,44	»	»	»
104 ans.	»	666,66	»	»	»
105 ans.	»	1 000,00	»	»	»
106 ans.	»	»	»	»	»
107 ans.	»	»	»	»	»
108 ans.	»	»	»	»	»
109 ans.	»	»	»	»	»
110 ans.	»	»	»	»	»

ablies sur 1 000 vivants à chaque âge. (Suite.)

TABLEAU B.

Dr PRICE. — POPULATION. — [NO]RTHAMPTON. — De 1735 à 1781.	DUVILLARD. — POPULATION. — FRANCE. — Avant la Révolution.	DEMONFERRAND. — POPULATION. — FRANCE. — De 1817 à 1832. HOMMES.	FEMMES.	Dr WILLIAM FARR. — POPULATION. — ANGLETERRE. — De 1838 à 1854. HOMMES.	FEMMES.
294,10	202,76	246,00	247,00	327,64	305,21
333,30	214,13	255,00	261,00	348,97	325,79
437,50	226,40	270,00	278,00	371,39	347,25
555,50	239,69	300,00	310,00	394,30	369,35
750,00	254,19	330,00	350,00	420,35	393,38
1 000,00	269,91	365,00	370,00	444,44	418,73
»	287,27	400,00	390,00	473,12	443,97
»	305,81	440,00	430,00	500,00	473,33
»	326,58	490,00	480,00	533,98	497,30
»	349,16	550,00	520,00	550,00	531,53
»	373,69	620,00	580,00	»	»
»	400,96	700,00	670,00	»	»
»	429,74	800,00	750,00	»	»
»	461,90	900,00	850,00	»	»
»	498,50	»	»	»	»
»	537,35	»	»	»	»
»	579,71	»	»	»	»
»	625,39	»	»	»	»
»	674,[illegible]	»	»	»	»
»	7[illegible],69	»	»	»	»

TABLEAU C.

COMPARAISON de diverses Tables de SURVIE

AGES.	DEPARCIEUX. — TONTINIERS. — FRANCE. — De 1689 à 1742.	BEAUVISAGE. — TONTINIERS. — FRANCE. — Caisse Lafarge. De 1793 à 1864.	ALEXANDER GLEN FINLAISON. — TONTINIERS ET RENTIERS VIAGERS. — ANGLETERRE. — De 1773 à 1854. HOMMES.	FEMMES.	J. MILNE. — POPULATION. — CARLISLE. — De 1779 à 1787.
0 an.	»	»	»	»	1 374,76
1 an.	»	»	»	»	1 163,10
2 ans.	»	»	»	»	1 069,43
3 ans.	1 000	1 000,00	1 000,00	1 000,00	1 000,00
4 ans.	970	990,08	990,22	989,25	962,06
5 ans.	948	982,03	981,24	979,97	934,42
6 ans.	930	977,03	973,03	971,86	917,79
7 ans.	915	972,08	965,54	964,66	906,52
8 ans.	902	968,31	958,74	958,15	898,54
9 ans.	890	964,24	952,54	952,28	892,63
10 ans.	880	960,43	946,85	946,85	888,09
11 ans.	872	955,99	941,51	941,65	884,11
12 ans.	866	951,81	936,30	936,47	879,85
13 ans.	860	947,30	931,03	931,09	875,45
14 ans.	854	942,70	925,48	925,38	870,91
15 ans.	848	937,68	919,44	919,22	866,10
16 ans.	842	933,13	912,74	912,60	860,74
17 ans.	835	927,83	905,21	905,60	854,96
18 ans.	828	921,76	896,77	898,31	849,05
19 ans.	821	914,41	887,38	890,87	843,14
20 ans.	814	906,44	877,08	883,42	837,23
21 ans.	806	897,94	866,05	875,99	831,32
22 ans.	798	889,36	854,55	868,65	825,54
23 ans.	790	881,09	842,90	861,42	819,77
24 ans.	782	873,07	831,37	854,28	814,00
25 ans.	774	865,07	820,20	847,22	808,22
26 ans.	766	857,63	809,53	840,20	802,31
27 ans.	758	850,11	799,36	833,18	796,40
28 ans.	750	842,60	789,69	826,13	790,21
29 ans.	742	835,31	780,42	819,01	783,34
30 ans.	734	828,51	771,46	811,82	775,64

amenées à 1 000 vivants à 3 ans.

TABLEAU C.

Dr PRICE. POPULATION. ORTHAMPTON. De 1735 à 1781.	DUVILLARD. POPULATION. FRANCE. Avant la Révolution.	DEMONFERRAND. POPULATION. FRANCE. De 1817 à 1832.		Dr WILLIAM FARR. POPULATION. ANGLETERRE. De 1838 à 1854.	
		HOMMES.	FEMMES.	HOMMES.	FEMMES.
1 718,00	1 600,85	1 349,00	1 305,14	1 324,77	1 277,15
1 275,62	1 228,70	1 111,02	1 105,85	1 108,04	1 105,10
1 074,00	1 075,50	1 039,53	1 037,85	1 036,80	1 036,68
1 000,00	1 000,00	1 000,00	1 000,00	1 000,00	1 000,00
950,60	958,45	973,96	974,80	976,15	975,82
921,54	933,54	954,40	956,58	958,76	958,57
894,41	917,33	939,16	942,48	945,73	945,84
873,77	905,82	927,02	928,35	935,49	935,86
857,54	896,87	916,77	920,56	926,93	927,36
845,75	889,25	908,00	912,69	919,85	920,24
836,90	882,26	900,58	905,77	913,90	914,15
829,23	875,49	893,16	899,90	908,77	908,80
821,86	868,67	887,90	894,94	904,17	903,93
814,48	861,67	882,91	889,45	899,86	899,31
807,11	854,39	878,30	885,80	895,62	894,75
799,73	846,80	873,47	880,06	891,27	890,07
792,36	838,88	868,20	874,45	886,66	885,13
784,55	830,62	862,40	868,57	881,67	879,82
775,99	822,04	856,20	862,83	876,20	874,06
766,70	813,15	849,72	856,83	870,20	867,78
756,82	803,97	842,44	850,69	863,62	860,95
746,20	794,53	834,75	844,04	856,47	853,58
735,14	784,84	821,13	836,46	849,21	846,08
724,08	774,94	811,41	829,02	841,87	838,46
713,02	764,85	801,43	821,32	834,45	830,74
701,96	754,59	791,45	813,89	826,95	822,92
690,90	744,18	782,41	806,45	819,37	815,01
679,84	733,64	774,85	799,14	811,73	807,02
668,78	723,00	767,84	791,96	804,01	798,95
657,72	712,27	761,63	784,65	796,22	790,81
646,66	701,47	755,02	777,34	788,36	782,61

COMPARAISON de diverses Tables de SURVIE

Tableau C.

AGES.	DEPARCIEUX. — TONTINIERS. — FRANCE. — De 1689 à 1742.	BEAUVISAGE. — TONTINIERS. — FRANCE. — Caisse Lafarge. De 1793 à 1864.	Alexander Glen FINLAISON. — TONTINIERS ET RENTIERS VIAGERS. — ANGLETERRE. — De 1773 à 1854. HOMMES.	FEMMES.	J. MILNE. — POPULATION. — CARLISLE. — De 1779 à 1787.
31 ans.	726	822,16	762,69	804,52	767,80
32 ans.	718	815,66	754,02	797,13	759,97
33 ans.	710	809,43	745,34	789,64	752,27
34 ans.	702	803,39	736,58	782,09	744,71
35 ans.	694	797,34	727,68	774,47	737,15
36 ans.	686	791,17	718,64	766,81	729,58
37 ans.	678	784,94	709,47	759,12	721,89
38 ans.	671	778,84	700,23	751,42	714,05
39 ans.	664	772,81	690,96	743,72	706,08
40 ans.	657	766,59	681,70	736,02	697,69
41 ans.	650	760,32	672,52	728,31	688,62
42 ans.	643	753,92	663,41	720,56	679,13
43 ans.	636	747,65	654,41	712,76	669,37
44 ans.	629	741,22	645,50	704,86	659,61
45 ans.	622	734,39	636,65	696,85	649,85
46 ans.	615	726,87	627,81	688,71	640,23
47 ans.	607	718,80	618,89	680,43	630,74
48 ans.	599	710,17	609,78	671,99	621,53
49 ans.	590	701,17	600,37	663,39	612,87
50 ans.	581	691,91	590,55	654,63	604,48
51 ans.	571	682,42	580,26	645,69	596,37
52 ans.	560	672,72	569,49	636,57	587,85
53 ans.	549	662,43	558,26	627,27	578,91
54 ans.	538	651,97	546,62	617,76	569,56
55 ans.	526	641,23	534,61	608,02	559,94
56 ans.	514	630,18	522,31	598,06	549,90
57 ans.	502	618,47	509,78	587,85	539,45
58 ans.	489	606,36	497,05	577,37	528,18
59 ans.	476	593,70	484,13	566,55	515,40
60 ans.	463	580,16	471,00	555,40	500,82

ramenées à 1 000 vivants à 3 ans. (Suite.)

Tableau C.

Dr PRICE. POPULATION. NORTHAMPTON. De 1735 à 1781.	DUVILLARD. POPULATION. FRANCE. Avant la Révolution.	DEMONFERRAND. POPULATION. FRANCE. De 1817 à 1832.		Dr WILLIAM FARR. POPULATION. ANGLETERRE. De 1838 à 1854.	
		HOMMES.	FEMMES.	HOMMES.	FEMMES.
635,60	690,60	748,55	770,03	780,41	774,33
624,54	679,69	742,07	762,07	772,39	766,00
613,48	668,75	735,73	754,50	764,28	757,60
602,42	657,77	729,26	746,80	756,07	749,15
591,36	646,76	722,78	739,10	747,76	740,63
580,30	635,73	713,61	731,27	739,33	732,06
569,24	624,68	707,14	723,44	730,79	723,42
558,18	613,61	700,70	715,48	722,11	714,72
547,12	602,50	694,32	707,65	713,29	705,96
536,06	591,36	687,58	699,56	704,32	697,13
524,84	580,18	680,83	691,33	695,19	688,23
513,49	568,94	673,95	683,11	685,88	679,25
501,99	557,64	666,40	674,77	676,38	670,21
490,49	546,27	658,44	666,14	666,69	661,08
478,98	534,80	650,21	657,53	656,78	651,86
467,48	523,23	641,85	648,79	646,66	642,56
455,98	511,53	633,21	639,91	636,30	633,17
444,48	499,70	624,58	630,78	625,70	623,68
432,97	487,72	615,67	621,64	614,84	614,10
421,32	475,56	605,95	612,24	603,73	604,41
409,38	463,22	597,06	602,71	592,36	594,61
397,29	450,68	587,08	593,06	580,38	584,70
385,19	437,93	575,88	582,09	568,06	574,68
373,10	424,95	563,87	570,35	555,42	564,54
361,01	411,73	553,22	558,08	542,44	553,43
348,92	398,27	541,62	545,42	529,12	541,82
336,82	384,55	529,61	533,15	515,45	529,71
324,73	370,58	517,74	519,71	501,40	517,11
312,64	356,36	505,19	506,26	486,94	504,01
300,55	341,89	491,84	490,86	472,06	490,39

TABLEAU C.

COMPARAISON de diverses Tables de SURVIE

AGES.	DEPARCIEUX. — TONTINIERS. — FRANCE. — De 1689 à 1742.	BEAUVISAGE. — TONTINIERS. — FRANCE. — Caisse Lafarge. De 1793 à 1864.	ALEXANDER GLEN FINLAISON. — TONTINIERS ET RENTIERS VIAGERS. — ANGLETERRE. — De 1773 à 1854.		J. MILNE. — POPULATION. — CARLISLE. — De 1779 à 1787.
			HOMMES.	FEMMES.	
61 ans.	450	565,24	457,59	543,80	484,05
62 ans.	437	549,67	443,81	531,63	466,73
63 ans.	423	533,33	429,54	518,77	449,27
64 ans.	409	516,54	414,68	505,13	432,09
65 ans.	395	498,47	399,16	490,62	414,90
66 ans.	380	479,43	382,94	475,22	397,86
67 ans.	364	459,18	365,99	458,93	380,95
68 ans.	347	438,16	348,36	441,80	364,04
69 ans.	329	417,04	330,10	423,86	347,13
70 ans.	310	395,42	311,32	405,17	330,08
71 ans.	291	372,67	292,19	385,79	313,03
72 ans.	271	349,10	272,90	365,81	294,61
73 ans.	251	324,62	253,63	345,29	274,54
74 ans.	231	299,93	234,53	324,30	252,51
75 ans.	211	274,83	215,70	302,91	230,27
76 ans.	192	249,83	197,15	281,15	208,28
77 ans.	173	225,35	178,85	259,09	186,83
78 ans.	154	201,00	160,83	236,82	166,76
79 ans.	136	177,90	143,15	214,49	148,61
80 ans.	118	155,65	125,98	192,32	131,01
81 ans.	101	134,83	109,53	170,59	115,07
82 ans.	85	115,36	94,07	149,58	99,67
83 ans.	71	97,10	79,79	129,58	85,65
84 ans.	59	80,43	66,84	110,84	72,72
85 ans.	48	65,21	55,29	93,57	61,18
86 ans.	38	52,24	45,14	77,88	50,45
87 ans.	29	41,32	36,37	63,87	40,69
88 ans.	22	32,19	28,86	51,55	31,89
89 ans.	16	24,60	22,53	40,90	24,88
90 ans.	11	18,09	17,23	31,83	19,52

amenées à 1 000 vivants à 3 ans. (Suite.)

TABLEAU C.

Dr PRICE. POPULATION. ORTHAMPTON. De 1735 à 1781.	DUVILLARD. POPULATION. FRANCE. Avant la Révolution.	DEMONFERRAND. POPULATION. FRANCE. De 1817 à 1832.		Dr WILLIAM FARR. POPULATION. ANGLETERRE. De 1838 à 1854.	
		HOMMES.	FEMMES.	HOMMES.	FEMMES.
288,45	327,19	476,86	475,46	456,71	476,24
276,36	312,25	459,60	458,24	440,87	461,55
264,42	297,12	441,66	440,22	424,52	446,28
252,47	281,81	423,58	421,43	407,66	430,44
240,67	266,34	404,96	402,38	390,26	414,01
228,87	250,77	386,35	382,93	372,34	396,98
217,08	235,14	367,33	363,27	353,92	379,35
205,28	219,48	348,31	343,64	335,04	361,20
193,48	203,86	329,02	323,81	315,73	342,50
181,68	188,35	309,32	303,45	296,07	323,53
169,89	173,00	288,95	283,09	276,15	303,74
158,09	157,90	267,23	261,29	256,08	283,82
146,29	143,12	244,84	239,10	235,96	263,69
134,49	128,75	221,77	216,13	215,94	243,45
122,70	114,85	199,24	193,42	196,17	223,25
110,90	101,53	175,90	171,75	176,79	203,23
99,54	88,87	155,13	151,53	157,98	183,55
88,78	76,93	136,38	132,86	139,88	164,39
78,75	65,81	118,71	116,16	122,66	145,89
69,16	55,56	102,52	100,76	106,43	128,22
59,87	46,24	87,82	86,14	91,33	111,53
51,03	37,91	73,92	72,04	77,46	95,94
42,62	30,59	60,16	58,86	64,87	81,56
34,51	24,29	48,29	47,51	53,61	68,48
27,43	19,03	38,45	35,63	43,69	56,73
21,38	14,77	30,35	30,15	35,08	46,34
16,37	11,50	24,01	23,75	27,72	37,30
12,24	9,08	18,62	18,53	21,55	29,55
9,14	7,50	14,57	14,22	16,46	23,02
6,78	6,13	11,33	10,96	12,35	17,63

COMPARAISON de diverses Tables de SURVIE

TABLEAU C.

AGES.	DEPARCIEUX. — TONTINIERS. — FRANCE. — De 1689 à 1742.	BEAUVISAGE. — TONTINIERS. — FRANCE. — Caisse Lafarge. De 1793 à 1864.	ALEXANDER GLEN FINLAISON. — TONTINIERS ET RENTIERS VIAGERS. — ANGLETERRE. — De 1773 à 1854.		J. MILNE. — POPULATION. — CARLISLE. — De 1779 à 1787.
			HOMMES.	FEMMES.	
91 ans.	7	12,89	12,92	24,29	14,43
92 ans.	4	8,98	9,44	18,12	10,31
93 ans.	2	6,26	6,68	13,18	7,42
94 ans.	1	4,20	4,55	9,32	5,50
95 ans.	»	2,76	2,88	6,14	4,12
96 ans.	»	1,75	1,65	3,66	3,16
97 ans.	»	1,12	0,82	1,88	2,47
98 ans.	»	0,73	0,33	0,78	1,92
99 ans.	»	0,41	0,09	0,22	1,51
100 ans.	»	0,24	0,01	0,03	1,24
101 ans.	»	0,13	»	»	0,96
102 ans.	»	0,08	»	»	0,69
103 ans.	»	0,04	»	»	0,41
104 ans.	»	0,02	»	»	0,14
105 ans.	»	0,01	»	»	»
106 ans.	»	»	»	»	»

ramenées à 1 000 vivants à 3 ans. (Suite.)

TABLEAU C.

Dr PRICE. — POPULATION. — NORTHAMPTON. — De 1735 à 1781.	DUVILLARD. — POPULATION. — FRANCE. — Avant la Révolution.	DEMONFERRAND. — POPULATION. — FRANCE. — De 1817 à 1832.		Dr WILLIAM FARR. — POPULATION. — ANGLETERRE. — De 1838 à 1854.	
		HOMMES.	FEMMES.	HOMMES.	FEMMES.
5,01	4,95	8,63	8,35	9,09	13,25
3,54	3,95	6,61	6,40	6,55	9,77
2,36	3,10	4,85	4,70	4,63	7,06
1,33	2,40	3,64	3,52	3,19	4,99
0,59	1,82	2,56	2,48	2,15	3,45
0,15	1,36	1,75	1,70	1,42	2,33
»	0,99	1,08	1,04	0,91	1,54
»	0,71	0,54	0,52	0,57	0,99
»	0,49	0,27	0,26	0,35	0,62
»	0,33	0,14	0,13	0,21	0,38
»	0,22	»	»	0,12	0,22
»	0,13	»	»	0,07	0,13
»	0,08	»	»	0,04	0,07
»	0,05	»	»	0,02	0,04
»	0,03	»	»	0,01	0,02
»	0,01	»	»	»	0,01

TABLEAU D. **COMPARAISON de diverses Tables de la**

AGES.	DEPARCIEUX. — TONTINIERS. — FRANCE. — De 1689 à 1742.	BEAUVISAGE. — TONTINIERS. — FRANCE. — Caisse Lafarge. De 1793 à 1864.	ALEXANDER GLEN FINLAISON. — TONTINIERS ET RENTIERS VIAGERS. — ANGLETERRE. — De 1773 à 1854.		J. MILNE. — POPULATION. — CARLISLE. — De 1779 à 1787.
			HOMMES.	FEMMES.	
	Années.	Années.	Années.	Années.	Années.
0 an.	»	»	»	»	38,72
1 an.	»	»	»	»	44,68
2 ans.	»	»	»	»	47,55
3 ans.	47,71	55,02	49,94	54,19	49,82
4 ans.	48,17	54,57	49,43	53,78	50,76
5 ans.	48,27	54,01	48,88	53,28	51,25
6 ans.	48,20	53,29	48,28	52,72	51,17
7 ans.	47,98	52,56	47,66	52,11	50,80
8 ans.	47,66	51,76	46,99	51,46	50,24
9 ans.	47,30	50,97	46,29	50,78	49,57
10 ans.	46,83	50,17	45,57	50,07	48,82
11 ans.	46,26	49,41	44,82	49,34	48,04
12 ans.	45,58	48,62	44,07	48,61	47,27
13 ans.	44,89	47,85	43,32	47,89	46,51
14 ans.	44,20	47,08	42,57	47,18	45,75
15 ans.	43,51	46,33	41,85	46,49	45,00
16 ans.	42,82	45,55	41,15	45,83	44,27
17 ans.	42,17	44,81	40,49	45,18	43,57
18 ans.	41,52	44,10	39,87	44,54	42,87
19 ans.	40,87	43,45	39,28	43,91	42,17
20 ans.	40,22	42,83	38,74	43,27	41,46
21 ans.	39,62	42,23	38,23	42,64	40,75
22 ans.	39,00	41,63	37,73	41,99	40,04
23 ans.	38,40	41,02	37,25	41,34	39,31
24 ans.	37,78	40,39	36,76	40,68	38,59
25 ans.	37,17	39,76	36,25	40,02	37,86
26 ans.	36,55	39,10	35,72	39,35	37,14
27 ans.	35,93	38,44	35,17	38,67	36,41
28 ans.	35,30	37,78	34,60	38,00	35,69
29 ans.	34,69	37,11	34,00	37,33	35,00
30 ans.	34,06	36,41	33,39	36,65	34,34

IE MOYENNE a chaque âge.

TABLEAU D.

Dr PRICE. — POPULATION. — ORTHAMPTON. — De 1735 à 1781.	DUVILLARD. — POPULATION. — FRANCE. — Avant la Révolution.	DEMONFERRAND. — POPULATION. — FRANCE. — De 1817 à 1832.		Dr WILLIAM FARR. — POPULATION. — ANGLETERRE. — De 1838 à 1854.	
		HOMMES.	FEMMES.	HOMMES.	FEMMES.
Années.	Années.	Années.	Années.	Années.	Années.
25,18	28,76	38,33	40,83	39,91	41,85
32,74	36,35	45,17	46,67	46,65	47,31
37,79	40,43	47,25	49,00	48,83	49,40
39,55	42,44	47,83	49,50	49,61	50,20
40,58	43,26	48,08	49,75	49,81	50,43
40,84	43,40	48,33	49,75	49,71	50,33
41,07	43,16	48,50	49,42	49,39	50,00
41,03	42,70	48,75	49,08	48,92	49,53
40,79	42,12	48,25	48,58	48,37	48,98
40,36	41,48	47,67	48,00	47,74	48,35
39,78	40,80	47,00	47,42	47,05	47,67
39,14	40,12	46,33	46,67	46,31	46,95
38,49	39,43	45,58	45,92	45,54	46,20
37,83	38,74	44,92	45,17	44,76	45,44
37,17	38,07	44,25	44,42	43,97	44,66
36,51	37,40	43,58	43,67	43,18	43,90
35,85	36,75	42,92	43,00	42,40	43,14
35,20	36,11	42,25	42,25	41,64	42,40
34,58	35,48	41,50	41,58	40,90	41,67
33,99	34,87	40,67	40,83	40,17	40,97
33,43	34,26	40,00	40,08	39,48	40,29
32,90	33,66	39,50	39,42	38,80	39,63
32,39	33,07	39,00	38,83	38,13	38,98
31,88	32,49	38,42	38,17	37,46	38,33
31,36	31,91	37,83	37,50	36,79	37,68
30,85	31,34	37,25	36,83	36,12	37,04
30,33	30,77	36,67	36,17	35,44	36,39
29,82	30,20	36,00	35,42	34,77	35,75
29,30	29,64	35,33	34,75	34,10	35,10
28,79	29,08	34,67	34,08	33,43	34,46
28,27	28,52	34,00	33,42	32,76	33,81

COMPARAISON de diverses Tables de l

TABLEAU D.

AGES.	DEPARCIEUX. — TONTINIERS. — FRANCE. — De 1689 à 1742.	BEAUVISAGE. — TONTINIERS. — FRANCE. — Caisse Lafarge. De 1793 à 1864.	ALEXANDER GLEN FINLAISON. — TONTINIERS ET RENTIERS VIAGERS. — ANGLETERRE. — De 1773 à 1854. HOMMES.	FEMMES.	J. MILNE. — POPULATION. — CARLISLE. — De 1779 à 1787.
	Années.	Années.	Années.	Années.	Années.
31 ans.	33,29	35,68	32,77	35,98	33,68
32 ans.	32,80	34,96	32,14	35,31	33,03
33 ans.	32,16	34,23	31,51	34,64	32,36
34 ans.	31,52	33,48	30,88	33,97	31,68
35 ans.	30,88	32,73	30,25	33,30	31,00
36 ans.	30,23	31,99	29,62	32,63	30,32
37 ans.	29,58	31,24	29,00	31,95	29,64
38 ans.	28,89	30,48	28,38	31,27	28,96
39 ans.	28,18	29,71	27,75	30,59	28,28
40 ans.	27,48	28,95	27,12	29,91	27,61
41 ans.	26,77	28,18	26,48	29,22	26,97
42 ans.	26,06	27,42	25,84	28,53	26,34
43 ans.	25,34	26,64	25,19	27,83	25,71
44 ans.	24,62	25,87	24,53	27,14	25,09
45 ans.	23,89	25,10	23,86	26,45	24,46
46 ans.	23,15	24,42	23,19	25,75	23,82
47 ans.	22,45	23,63	22,52	25,06	23,17
48 ans.	21,74	22,91	21,85	24,37	22,50
49 ans.	21,07	22,20	21,18	23,68	21,81
50 ans.	20,38	21,49	20,53	22,99	21,11
51 ans.	19,73	20,78	19,88	22,30	20,39
52 ans.	19,11	20,07	19,25	21,61	19,68
53 ans.	18,48	19,37	18,63	20,92	18,97
54 ans.	17,85	18,68	18,01	20,24	18,28
55 ans.	17,25	17,98	17,41	19,56	17,58
56 ans.	16,64	17,29	16,80	18,87	16,89
57 ans.	16,02	16,61	16,20	18,19	16,21
58 ans.	15,44	15,97	15,61	17,51	15,55
59 ans.	14,84	15,29	15,01	16,84	14,92
60 ans.	14,25	14,60	14,41	16,17	14,34

IE MOYENNE a chaque âge. (Suite.)

TABLEAU D.

Dr PRICE. — POPULATION. — ORTHAMPTON. — De 1735 à 1781.	DUVILLARD. — POPULATION. — FRANCE. — Avant la Révolution.	DEMONFERRAND. — POPULATION. — FRANCE. — De 1817 à 1832. HOMMES.	FEMMES.	Dr WILLIAM FARR. — POPULATION. — ANGLETERRE. — De 1838 à 1854. HOMMES.	FEMMES.
Années.	Années.	Années.	Années.	Années.	Années.
27,76	27,96	33,33	32,75	32,09	33,17
27,24	27,40	32,67	32,08	31,42	32,53
26,72	26,84	32,00	31,42	30,74	31,88
26,20	26,28	31,25	30,75	30,07	31,23
25,68	25,72	30,50	30,00	29,40	30,59
25,16	25,16	29,83	29,33	28,73	29,94
24,64	24,59	29,08	28,67	28,06	29,29
24,12	24,03	28,42	28,00	27,39	28,64
23,60	23,46	27,75	27,25	26,72	27,99
23,08	22,89	27,00	26,58	26,06	27,34
22,56	22,32	26,25	25,92	25,39	26,69
22,04	21,76	25,50	25,17	24,73	26,03
21,54	21,19	24,75	24,50	24,07	25,38
21,03	20,62	24,08	23,83	23,41	24,72
20,52	20,05	23,42	23,17	22,76	24,06
20,02	19,48	22,67	22,42	22,11	23,40
19,51	18,91	22,00	21,75	21,46	22,74
19,00	18,35	21,33	21,08	20,82	22,08
18,49	17,79	20,58	20,33	20,17	21,42
17,99	17,23	19,92	19,58	19,54	20,75
17,50	16,68	19,25	18,92	18,90	20,09
17,02	16,13	18,50	18,25	18,28	19,42
16,54	15,58	17,92	17,58	17,67	18,75
16,06	15,04	17,25	16,92	17,06	18,08
15,58	14,51	16,50	16,25	16,45	17,43
15,10	13,98	15,75	15,58	15,86	16,79
14,63	13,46	15,17	15,00	15,26	16,17
14,15	12,95	14,50	14,42	14,68	15,55
13,68	12,45	13,92	13,67	14,10	14,94
13,21	11,95	13,25	13,17	13,53	14,34

Tableau D.

COMPARAISON de diverses Tables de M

AGES.	DEPARCIEUX. — TONTINIERS. — FRANCE. — De 1689 à 1742.	BEAUVISAGE. — TONTINIERS. — FRANCE. — Caisse Lafarge. De 1793 à 1864.	Alexander Glen FINLAISON. — TONTINIERS ET RENTIERS VIAGERS. — ANGLETERRE. — De 1773 à 1854.		J. MILNE. — POPULATION. — CARLISLE. — De 1779 à 1787.
			HOMMES.	FEMMES.	
	Années.	Années.	Années.	Années.	Années.
61 ans.	13,65	13,97	13,82	15,50	13,82
62 ans.	13,04	13,36	13,24	14,84	13,31
63 ans.	12,43	12,75	12,66	14,20	12,81
64 ans.	11,86	12,15	12,09	13,57	12,30
65 ans.	11,26	11,57	11,54	12,96	11,79
66 ans.	10,69	11,01	11,01	12,36	11,27
67 ans.	10,14	10,50	10,50	11,78	10,75
68 ans.	9,61	9,95	10,01	11,22	10,23
69 ans.	9,11	9,44	9,53	10,67	9,70
70 ans.	8,64	8,93	9,08	10,14	9,18
71 ans.	8,17	8,44	8,64	9,62	8,65
72 ans.	7,73	7,98	8,21	9,12	8,16
73 ans.	7,31	7,54	7,80	8,63	7,72
74 ans.	6,90	7,12	7,39	8,16	7,33
75 ans.	6,50	6,72	6,99	7,70	7,01
76 ans.	6,10	6,35	6,61	7,26	6,69
77 ans.	5,71	5,98	6,23	6,84	6,40
78 ans.	5,36	5,65	5,87	6,43	6,12
79 ans.	5,00	5,32	5,54	6,05	5,80
80 ans.	4,69	5,00	5,22	5,69	5,51
81 ans.	4,39	4,70	4,93	5,35	5,21
82 ans.	4,01	4,41	4,66	5,03	4,93
83 ans.	3,84	4,14	4,41	4,73	4,65
84 ans.	3,52	3,90	4,16	4,44	4,39
85 ans.	3,21	3,69	3,93	4,17	4,12
86 ans.	2,92	3,48	3,70	3,91	3,90
87 ans.	2,67	3,27	3,47	3,66	3,71
88 ans.	2,36	3,06	3,24	3,42	3,59
89 ans.	2,06	2,85	3,01	3,18	3,47
90 ans.	1,77	2,70	2,78	2,94	3,28

VIE MOYENNE à chaque âge. (Suite.)

TABLEAU D.

Dr PRICE. POPULATION. NORTHAMPTON. De 1735 à 1781.	DUVILLARD. POPULATION. FRANCE. Avant la Révolution.	DEMONFERRAND. POPULATION. FRANCE. De 1817 à 1832.		Dr WILLIAM FARR. POPULATION. ANGLETERRE. De 1838 à 1854.	
		HOMMES.	FEMMES.	HOMMES.	FEMMES.
Années.	Années.	Années.	Années.	Années.	Années.
12,75	11,47	12,67	12,58	12,96	13,75
12,28	10,99	12,17	12,00	12,41	13,17
11,81	10,53	11,58	11,50	11,87	12,60
11,35	10,07	11,08	11,00	11,34	12,05
10,88	9,63	10,58	10,50	10,82	11,51
10,42	9,20	10,08	10,00	10,32	10,98
9,96	8,77	9,42	9,50	9,83	10,47
9,50	8,36	9,00	9,00	9,36	9,97
9,05	7,97	8,58	8,50	8,90	9,48
8,60	7,58	8,08	8,08	8,45	9,02
8,17	7,21	7,67	7,58	8,03	8,57
7,74	6,85	7,25	7,17	7,62	8,13
7,33	6,51	6,83	6,83	7,22	7,71
6,92	6,18	6,50	6,50	6,85	7,31
6,54	5,87	6,17	6,17	6,49	6,93
6,18	5,57	5,92	5,92	6,15	6,56
5,83	5,29	5,58	5,58	5,82	6,21
5,48	5,04	5,33	5,33	5,51	5,88
5,11	4,80	5,08	5,00	5,21	5,56
4,75	4,60	4,75	4,75	4,93	5,26
4,41	4,42	4,50	4,50	4,66	4,98
4,09	4,29	4,25	4,25	4,41	4,71
3,80	4,19	4,08	4,08	4,17	4,45
3,58	4,15	4,00	3,92	3,95	4,21
3,37	4,16	3,83	3,75	3,73	3,98
3,19	4,21	3,75	3,67	3,53	3,76
3,01	4,28	3,67	3,58	3,34	3,56
2,86	4,28	3,50	3,50	3,16	3,36
2,66	4,07	3,33	3,33	3,00	3,18
2,41	3,87	3,17	3,17	2,84	3,01

COMPARAISON de diverses Tables de la

TABLEAU D.

AGES.	DEPARCIEUX. — TONTINIERS. — FRANCE. — De 1689 à 1742.	BEAUVISAGE. — TONTINIERS. — FRANCE. — Caisse Lafarge. De 1793 à 1864.	ALEXANDER GLEN FINLAISON. — TONTINIERS ET RENTIERS VIAGERS. — ANGLETERRE. — De 1773 à 1854. HOMMES.	FEMMES.	J. MILNE. — POPULATION. — CARLISLE. — De 1779 à 1787.
	Années.	Années.	Années.	Années.	Années.
91 ans.	1,50	2,57	2,55	2,70	3,26
92 ans.	1,25	2,48	2,30	2,44	3,37
93 ans.	1,00	2,34	2,05	2,17	3,48
94 ans.	»	2,24	1,77	1,86	3,53
95 ans.	»	2,14	1,51	1,57	3,53
96 ans.	»	2,09	1,26	1,30	3,46
97 ans.	»	1,99	1,03	1,05	3,28
98 ans.	»	1,79	0,83	0,83	3,07
99 ans.	»	1,74	0,65	0,65	2,77
100 ans.	»	1,67	0,50	0,50	2,28
101 ans.	»	1,65	»	»	1,79
102 ans.	»	1,37	»	»	1,30
103 ans.	»	1,25	»	»	0,83
104 ans.	»	1,00	»	»	»
105 ans.	»	0,50	»	»	»
106 ans.	»	»	»	»	»
107 ans.	»	»	»	»	»
108 ans.	»	»	»	»	»
109 ans.	»	»	»	»	»
110 ans.	»	»	»	»	»

VIE MOYENNE à chaque âge. (Suite.)

Tableau D.

Dr PRICE. — POPULATION. — NORTHAMPTON. — De 1735 à 1781.	DUVILLARD. — POPULATION. — FRANCE. — Avant la Révolution.	DEMONFERRAND. — POPULATION. — FRANCE. — De 1817 à 1832.		Dr WILLIAM FARR. — POPULATION. — ANGLETERRE. — De 1838 à 1854.	
		HOMMES.	FEMMES.	HOMMES.	FEMMES.
Années.	Années.	Années.	Années.	Années.	Années.
2,09	3,67	3,00	3,00	2,69	2,85
1,75	3,41	2,83	2,83	2,55	2,70
1,37	3,28	2,58	2,67	2,41	2,55
1,05	3,10	2,42	2,42	2,29	2,42
0,75	2,92	2,17	2,17	2,17	2,29
0,50	2,74	2,00	2,00	2,06	2,17
»	2,57	1,83	1,83	1,95	2,06
»	2,40	1,67	1,67	1,85	1,96
»	2,24	1,50	1,50	1,76	1,86
»	2,08	1,33	1,33	1,68	1,76
»	1,93	1,17	1,17	»	»
»	1,79	1,00	1,00	»	»
»	1,65	0,75	0,83	»	»
»	1,52	0,50	0,58	»	»
»	1,39	»	»	»	»
»	1,27	»	»	»	»
»	1,17	»	»	»	»
»	1,10	»	»	»	»
»	1,00	»	»	»	»
»	1,00	»	»	»	»

COMPARAISON

DES

TABLES DE SURVIE

DE

DEPARCIEUX ET DE BEAUVISAGE.

Comparaison des Tables de SURVIE de Deparcieux et de Beauvisage.

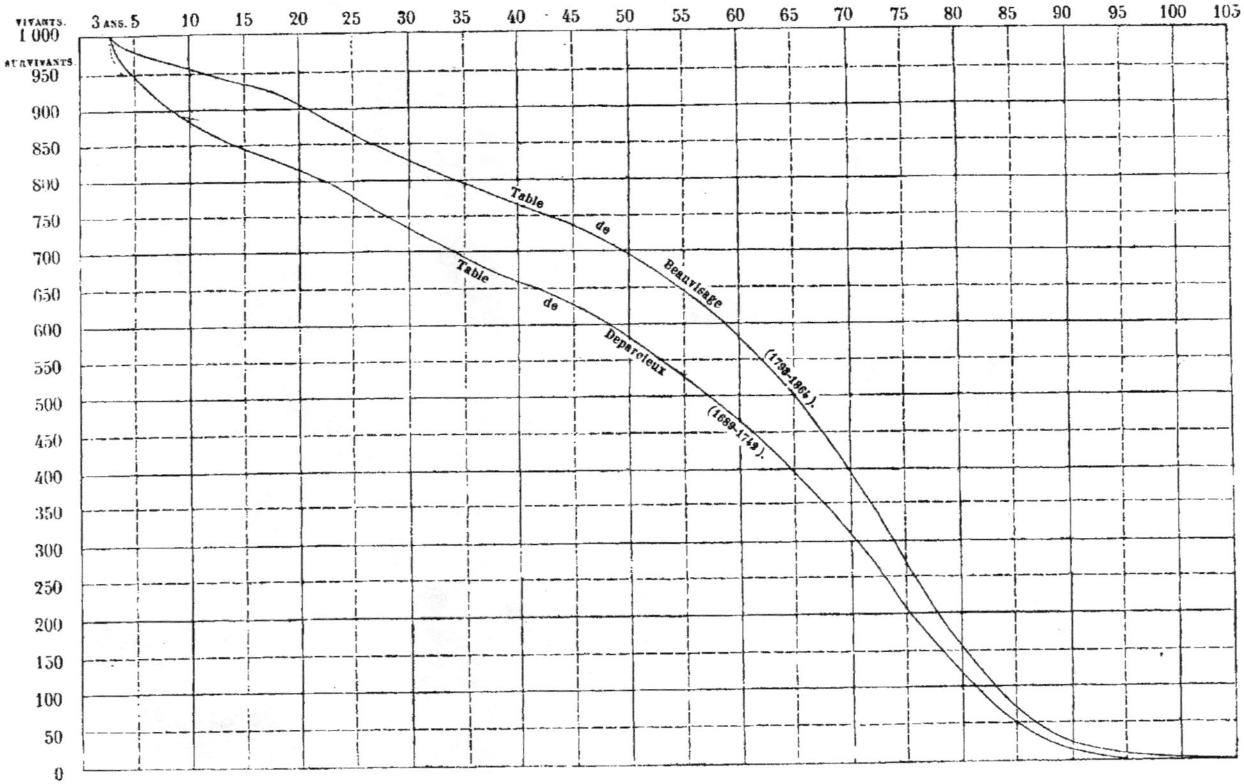

ANNEXES.

LOIS ANGLAISES

CONCERNANT

LES RENTES VIAGÈRES ET ASSURANCES APRÈS DÉCÈS

PAR L'ÉTAT.

(TRADUCTION LITTÉRALE.)

ANNEXES.

LOIS ANGLAISES

CONCERNANT

LES RENTES VIAGÈRES ET ASSURANCES APRÈS DÉCÈS

PAR L'ÉTAT.

(TRADUCTION LITTÉRALE)

LOI DU 4 AOUT 1853.

De la 16e-17e année du règne de la Reine Victoria.

CHAPITRE XLV.

ACTE PORTANT CONFIRMATION ET MODIFICATION DES LOIS RELATIVES AUX ACHATS DE RENTES VIAGÈRES DE L'ÉTAT PAR L'ENTREMISE DES CAISSES D'ÉPARGNE, AVEC EXTENSION DES FACILITÉS ACCORDÉES ET AUTRES DISPOSITIONS COMPLÉMENTAIRES.

Attendu qu'il est expédient d'abroger les actes du Parlement relatifs à l'achat des rentes viagères de l'État par l'entreprise des Caisses d'épargne, afin d'en confirmer ou d'en modifier les dispositions,

Il est ordonné ce qui suit par Sa Très-Excellente Majesté la Reine, avec et suivant l'avis et consentement des Lords spirituels et temporels, et des Communes assemblées en Parlement, et par l'autorité desdits :

Parties abrogées des actes 3e Guillaume IV, ch. XIV, et 7e-8e Victoria, ch. LXXXIII, concernant l'achat de rentes viagères de l'État par l'entremise des Caisses d'épargne, etc.

I. Sont abrogées, à partir du 10 octobre 1853, les dispositions de l'acte passé dans la troisième année du règne du roi Guillaume IV, chapitre XIV, relatives à la faculté donnée aux déposants des Caisses d'épargne et autres d'acheter des rentes viagères de l'État par l'entremise des Caisses d'épargne et des Sociétés paroissiales, ainsi que les dispositions d'un autre acte passé dans la 7e-8e année du règne de Sa Majesté actuelle, chapitre LXXXIII, relatives à l'achat des rentes viagères de l'État par l'entremise des Caisses d'épargne, excepté en ce qui concerne les engagements pris et les opérations à accomplir relativement aux rentes viagères constituées en vertu desdits actes ou de l'un d'eux, et excepté aussi en ce qui concerne toute procédure à suivre en exécution desdits actes ou de l'un d'eux.

Les Commissaires pour la réduction de la Dette nationale peuvent recevoir des versements des déposants pour l'achat de rentes viagères.

II. A partir du 10 octobre 1853, les Commissaires pour la réduction de la Dette nationale sont autorisés à constituer au nom ou au profit de tout déposant d'une Caisse d'épargne ou de tout individu qu'ils penseront être ou pouvoir devenir déposant d'une Caisse d'épargne, soit des rentes viagères à jouissance immédiate ou différée sur une seule tête, soit des rentes viagères à jouissance immédiate sur plusieurs têtes avec réversibilité de survie, soit sur deux têtes jusqu'au premier décès, et ce, pour toute somme n'étant pas inférieure à 4 livres sterling, ni supérieure à 30 livres en tout, au nom ou au profit d'une même personne; et ils sont autorisés à recevoir la valeur desdites rentes viagères à jouissance immédiate en un seul payement, et, pour les rentes viagères à jouissance différée, en un seul payement ou au moyen de payements annuels réguliers; pourvu toutefois qu'aucune de ces rentes viagères ne soit constituée au nom ou au profit de personnes âgées de moins de dix ans.

III. Une rente viagère ainsi limitée peut être constituée au profit de l'un des deux époux, bien que son conjoint possède une rente viagère égale ou moindre.

Les rentes viagères peuvent être constituées au profit du mari et à celui de la femme.

IV. Lesdits Commissaires peuvent constituer des rentes viagères à jouissance différée, sous la condition que le capital versé pour l'achat de la rente pourra être remboursé, mais sans intérêts; auquel cas ledit capital sera remboursable sans intérêts, à toute époque, sur la demande de la partie intéressée elle-même, ou, après sa mort, sur la demande de ses exécuteurs testamentaires ou des administrateurs de sa succession; pourvu toutefois que, dans aucun cas, cette somme ou partie d'icelle ne soit remboursée après l'époque de la première échéance des arrérages de la rente viagère. Les sommes ainsi remboursables seront payées sur les fonds inscrits au nom desdits Commissaires à la Banque d'Angleterre, en vertu des dispositions du présent acte.

Les rentes viagères à jouissance différée peuvent être constituées sous la condition que le capital soit remboursable.

V. Lesdits Commissaires peuvent également constituer des rentes viagères à jouissance différée, dont le montant ne pourra, pour chaque personne, être inférieur à une livre, ni supérieur en tout à 30 livres, et devra former des multiples d'une livre, et ils peuvent recevoir la valeur de chaque rente en un seul payement, sous la condition que le capital ne soit pas remboursable.

Les rentes viagères peuvent être constituées sous la condition que le capital ne soit pas remboursable.

VI. Dans le cas où une personne se sera engagée à faire des versements annuels en vertu des actes ci-abrogés,

Les personnes qui ne peuvent continuer

leurs versements annuels peuvent obtenir une rente viagère au lieu du remboursement du capital.

ou en vertu du présent acte, à l'effet de se constituer une rente viagère différée, et se trouvera dans l'impossibilité, après un ou plusieurs versements, de continuer à payer le surplus, lesdits Commissaires pourront, au choix de la personne intéressée, lui accorder une rente viagère à jouissance immédiate ou différée, proportionnelle aux versements effectués, au lieu de lui rembourser le capital versé.

Autorisation de convertir une rente viagère différée en une rente viagère à jouissance immédiate.

VII. Dans le cas où une personne se sera constitué, en vertu des actes ci-abrogés, ou en vertu du présent acte, une rente viagère à jouissance différée, au moyen d'un seul payement, lesdits Commissaires pourront, au choix de cette personne, lui accorder une rente viagère à jouissance immédiate, au lieu et place de la rente viagère à jouissance différée, qui sera annulée.

Le nom de la personne doit toujours être indiqué dans le contrat.

VIII. Aucune rente viagère ne sera accordée, en vertu du présent acte, sans que le nom de la personne sur la tête et au profit de laquelle l'achat devra être effectué soit indiqué dans le contrat comme copropriétaire de ladite rente viagère.

Cas dans lesquels les contrats de rentes viagères peuvent être passés avec des garants ou représentants (*trustees*).

IX. Aucune rente viagère ne pourra être constituée autrement qu'au nom seul de la personne sur la tête et au profit de laquelle ladite rente viagère aura été accordée, excepté pour les femmes, les mineurs de moins de vingt et un ans, les idiots, les personnes atteintes d'aliénation mentale ou d'infirmités corporelles les rendant incapables d'agir par elles-mêmes, et ce, sur preuves produites au moment du contrat, et jugées satisfaisantes par lesdits Commissaires, par le Contrôleur général ou par son suppléant; auxquels cas les rentes viagères, telles qu'elles peuvent être constituées en vertu du présent acte, pourront être constituées au nom d'une ou de plusieurs personnes agissant en qualité de tuteurs ou de représentants des incapables, moyennant l'accomplissement des formalités prescrites par lesdits Commissaires ou par le Contrôleur général.

X. Lesdits Commissaires sont autorisés à assurer le payement de sommes au décès de toute personne qui se constituera, en même temps, une rente viagère sur sa tête, pourvu que le montant de la somme payable au décès ne soit pas supérieur au capital versé, tant pour l'assurance en cas de décès que pour la constitution de la rente viagère, et pourvu que ce capital ne dépasse pas 100 livres en tout.

Autorisation d'assurer le payement de sommes au décès des personnes se constituant des rentes viagères à jouissance différée.

XI. Lesdits Commissaires sont autorisés à passer lesdits contrats avec les personnes désirant se constituer des rentes viagères en vertu du présent acte, soit directement au siége de leur administration, soit par l'entremise des Caisses d'épargne, des Sociétés paroissiales ou autres, ou d'agents spéciaux dûment autorisés, et ce, moyennant les formalités que lesdits Commissaires prescriront, et avec pouvoir d'autoriser lesdites Caisses d'épargne, Sociétés ou agents, à accepter ou à exiger les rétributions applicables auxdites rentes viagères, en vertu de l'acte 7e-8e de Victoria, ci-dessus mentionné.

Les contrats peuvent être passés au siége de l'administration de la Dette nationale et par l'entremise des Caisses d'épargne, etc.

XII. Les rentes viagères et les capitaux payables après décès dont il est question ci-dessus sont à la charge du

Les sommes versées pour l'achat de rentes

viagères doivent être portées à un compte distinct au nom des Commissaires.

fonds consolidé du Royaume-Uni, et les sommes payées successivement en raison des contrats passés en vertu du présent acte, ou en vertu des actes ci-abrogés, seront versées à la Banque d'Angleterre ou à la Banque d'Irlande, au compte des Commissaires pour la réduction de la Dette nationale, avec les formalités que ceux-ci prescriront de temps à autre;

Et les Caissiers de la Banque d'Angleterre et de la Banque d'Irlande sont tenus, en vertu du présent acte, de recevoir lesdites sommes et de les porter à un compte ouvert au nom desdits Commissaires sous le titre de : *Fonds provenant d'achats de rentes viagères et d'assurance en cas de décès, pour le compte des déposants des Caisses d'épargne* (*ou autres, suivant le cas*); et lesdits Commissaires tiendront pareillement des comptes distincts et séparés des sommes ainsi placées auxdits comptes, aux termes des dispositions du présent acte.

Les Commissaires sont chargés de dresser les instructions, règlements, etc.

XIII. Lesdits Commissaires, ainsi que le Contrôleur général ou le Contrôleur suppléant, agissant en leurs noms, peuvent exiger les preuves d'âge ou d'identité, ou tous autres certificats qu'ils jugeront nécessaires, et dresser les instructions et règlements relatifs à la constitution de rentes viagères et à l'assurance de sommes payables en cas de décès, en vertu du présent acte, comme aussi au payement desdites, et au payement des rentes viagères constituées en vertu des actes ci-abrogés, suivant qu'il sera jugé utile et convenable pour l'exécution du présent acte;

Les Commissaires peuvent refuser la constitution

Et lesdits Commissaires, Contrôleur général ou Contrôleur suppléant peuvent décliner ou refuser la constitution de rentes viagères ou l'assurance de capitaux après décès, en vertu des dispositions du présent acte, toutes les fois qu'ils penseront avoir des raisons suffisantes pour décliner ou refuser lesdits.

de rentes viagères ou l'assurance de capitaux après décès.

XIV. Tout individu qui, personnellement et directement, a, détient, possède ou réclame une ou plusieurs rentes viagères accordées en vertu des dispositions du présent acte ou des actes ci-abrogés, et dépassant en tout la somme de 30 livres par an, ou qui fait une fausse déclaration relativement à toute formalité ou pièce requise par les règlements desdits Commissaires, perd tout droit auxdites rentes viagères ou assurances après décès.

Pénalités encourues par les personnes faisant de fausses déclarations, etc.

XV. Toute personne s'étant assuré le payement d'un capital après son décès, comme il est indiqué plus haut, pourra, à toute époque, par acte rédigé dans la forme prescrite par lesdits Commissaires, et à eux notifié de son vivant, demander que la somme payable à son décès soit convertie en une rente viagère, avec jouissance postérieure à son décès, et devant être servie à toute personne dénommée dans l'acte;

Les personnes qui se sont assuré le payement de capitaux après leur décès peuvent convertir ladite assurance en une rente viagère au profit de titulaires dénommés.

Ladite conversion aura son effet lorsqu'elle aura été approuvée, soit par lesdits Commissaires, soit par le Contrôleur général ou par le Contrôleur suppléant, agissant au nom de ceux-ci; et la personne ainsi dénommée aura droit à une rente viagère équivalente au capital payable au décès de l'assuré; ladite rente viagère aura son effet et sa jouissance commencera à partir du 6 janvier, du 6 avril, du 6 juillet ou du 11 octobre (suivant le cas) qui suivra immédiatement le jour du décès de l'assuré, et les arrérages en seront dus et payés à partir de la période semestrielle suivante.

Le Trésor royal décidera quels seront les tarifs dont on devra se servir pour le calcul des rentes viagères.

XVI. Pour la meilleure exécution du présent acte, les Commissaires du Trésor de Sa Majesté pourront, toutes les fois qu'ils le jugeront opportun, inviter les Commissaires pour la réduction de la Dette nationale à employer et adopter tels tarifs qui seront, d'une époque à l'autre, autorisés et approuvés par lesdits Commissaires du Trésor, pour servir à déterminer la valeur des annuités de toute nature qui peuvent être accordées en vertu du présent acte; il en sera de même à l'égard des tarifs devant servir pour les assurances de capitaux à payer après décès; et les tarifs ainsi approuvés seront bons et effectifs pour l'exécution du présent acte.

Et toutes les rentes viagères, de quelque nature qu'elles soient, qui seront constituées suivant les dispositions du présent acte, seront achetées et les assurances après décès seront évaluées respectivement d'après lesdits tarifs, aussi longtemps qu'ils resteront en vigueur.

Et lesdits Commissaires du Trésor pourront modifier, révoquer ou rappeler tous ces tarifs ou certains d'entre eux à une époque ou à l'autre, et ordonner l'usage ou l'adoption de tels autres tarifs auxquels ils donneront leur approbation, et même arrêter, au moyen d'un ordre signé par eux et adressé auxdits Commissaires pour la réduction de la Dette nationale, l'émission des rentes viagères ou des contrats d'assurances après décès en vertu du présent acte, dans le cas où ils jugeront utile et expédient d'en agir ainsi;

Pourvu toutefois que lesdits Commissaires pour la réduction de la Dette nationale aient soin, avant d'adopter et de mettre en vigueur lesdits tarifs et avant d'arrêter l'émission desdites rentes viagères et desdits contrats d'assurances après decès, d'en donner avis, à plusieurs reprises, dans les *Gazettes* de Londres, d'Édimbourg et de Dublin, dans la forme et suivant le mode qu'ils le jugeront convenable;

Pourvu aussi que les tarifs actuellement en vigueur concernant les rentes viagères pouvant être constituées en vertu des actes ci-abrogés restent valables et effectifs pour l'achat et l'émission des rentes viagères constituées en vertu du présent acte, et tant qu'ils leur seront applicables, jusqu'à ce qu'ils soient modifiés, révoqués ou rappelés par lesdits Commissaires du Trésor.

Les acheteurs de rentes viagères auront droit au montant de la rente tel qu'il sera indiqué dans les tarifs.

XVII. Toutes les fois qu'une somme sera versée, aux termes du présent acte, comme représentant la valeur d'une rente viagère quelconque, ou dans le but d'assurer le payement d'une somme après décès, le titulaire de ladite annuité, ou le bénéficiaire de ladite assurance, aura droit de recevoir, à partir de l'époque fixée pour la jouissance, une rente viagère sur une tête, ou sur plusieurs têtes avec bénéfice de survie, ou sur deux têtes jusqu'au premier décès, suivant le cas, dont le montant sera calculé et fixé d'après les tarifs spéciaux autorisés et approuvés comme il est dit plus haut par les Commissaires du Trésor de Sa Majesté, en raison de l'âge du titulaire; et chaque somme payable en cas de décès sera, de la même façon, fixée et arrêtée d'après des tarifs ainsi adoptés de temps à autre.

Les rentes viagères et les assurances après décès constituées en vertu du présent acte seront l'objet de comptes séparés.

XVIII. Toutes les rentes viagères, de quelque nature qu'elles soient, qui auront été achetées et émises en vertu du présent acte (que ces rentes viagères soient à jouissance immédiate ou non), et toutes sommes payables en cas de décès, seront, au fur et à mesure qu'elles arriveront à échéance et deviendront exigibles, portées à un compte nouveau et distinct dans les livres desdits Commissaires pour la réduction de la Dette nationale.

Les rentiers viagers peuvent faire de nouveaux placements sans être obligés de produire de nouvelles pièces justificatives.

XIX. Toutes les fois que la preuve de l'âge d'une personne aura été produite auxdits Commissaires, aux termes du présent acte, pour l'achat d'une ou de plusieurs rentes viagères sur la tête de ladite personne, la première justification de son âge, présentée à l'époque de l'achat de la première rente viagère sur la tête de la même personne, sera considérée comme suffisante en cas d'achat ultérieur de rente viagère effectué en vertu du présent acte, ou de tous autres actes en vigueur autorisant l'émission de rentes viagères, et il ne sera pas nécessaire de produire d'autres preuves de l'âge.

Le montant des rentes viagères et des sommes payées après décès sera, de temps en temps, notifié au Trésor, qui émettra des mandats sur l'Échiquier, pour le payement desdites sommes à prendre sur le fonds consolidé.

XX. Ledit Contrôleur général ou le Contrôleur suppléant, agissant au nom desdits Commissaires, devra, dans les quatorze jours qui précèdent le 5 janvier, le 5 avril, le 5 juillet et le 10 octobre de chaque année, notifier aux Commissaires du Trésor de Sa Majesté le montant des rentes viagères et des sommes payables après décès qui devra être payé, aux termes du présent acte, sur le fonds consolidé, à chacune de ces échéances ;

Et lesdits Commissaires du Trésor inviteront en conséquence le Contrôleur général de l'Échiquier à faire sortir du fonds consolidé, de temps en temps, pour le compte desdits Commissaires pour la réduction de la Dette nationale, les sommes spécifiées dans lesdites notifications, pour qu'elles soient employées respectivement au payement desdites rentes viagères ou des sommes payables après décès.

Époques de payement des rentes viagères constituées en vertu du présent acte.

XXI. Toutes les rentes viagères, de quelque nature qu'elles soient, constituées en vertu du présent acte, seront payables en deux payements semestriels égaux, qui seront respectivement dus le 5 janvier, le 5 avril, le 5 juillet et le 10 octobre de chaque année, suivant les époques respectives de l'achat desdites rentes effectué ainsi qu'il est mentionné plus haut; et le premier payement semestriel de chacune desdites rentes viagères ainsi achetées sera opéré de la manière suivante, savoir :

Le 5 janvier, pour les achats complétés par un payement effectif à la Banque d'Angleterre ou à la Banque d'Irlande au compte des Commissaires sus-mentionnés pendant le cours du trimestre finissant le 10 octobre précédant ledit 5 janvier;

Le 5 avril, pour les achats ainsi complétés pendant le cours du trimestre finissant le 5 janvier précédant ledit 5 avril;

Le 5 juillet, pour les achats ainsi complétés pendant le cours du trimestre finissant le 5 avril précédant ledit 5 juillet;

Et le 10 octobre, pour les achats ainsi complétés pendant le cours du trimestre finissant le 5 juillet précédant ledit 10 octobre;

Et tous les payements ultérieurs de chaque annuité

seront effectués en prenant pour point de départ ce premier payement semestriel ;

Au décès des rentiers viagers, un trimestre de la rente payé en sus des arrérages semestriels dus.

Et, au décès de chaque rentier viager, une somme égale au quart de la rente annuelle constituée sur la tête dudit rentier viager (en plus et au delà des arrérages semestriels dus) sera payée à la personne ou aux personnes ayant droit à ladite rente, ou aux exécuteurs testamentaires, ou administrateurs de la succession (suivant le cas), à l'époque semestrielle de payement qui suivra immédiatement la production faite auxdits Commissaires des pièces justificatives du décès du rentier viager, si lesdites pièces justificatives leur sont produites au moins trente jours avant le 5 janvier, le 5 avril, le 5 juillet ou le 10 octobre de l'année, et si ce dernier payement est réclamé dans les deux ans qui auront suivi le décès du rentier viager, et non autrement;

Exception concernant les rentes viagères à jouissance différée.

Mais le quart de la rente viagère échue, constituée en vertu du présent acte, ne sera ainsi payable et exigible, à l'égard de toute rente viagère à jouissance différée, que dans le cas où un payement semestriel de ladite rente viagère aura été effectivement opéré, ou sera arrivé à échéance au moment du décès du rentier viager ;

Et toutes les sommes payables en cas de décès seront dues et exigibles le 5 janvier, le 5 avril, le 5 juillet ou le 10 octobre qui suivra immédiatement le jour où la preuve du décès aura été admise et reconnue suffisante, soit par lesdits Commissaires, soit par le Contrôleur général ou le Contrôleur suppléant;

Pourvu toutefois que la preuve du décès ait été fournie trente jours avant le 5 janvier, le 5 avril, le 5 juillet ou le 10 octobre (suivant l'époque), et, dans le cas contraire, le payement ne sera effectué qu'au jour du prochain payement trimestriel.

XXII. Les arrérages dus aux époques indiquées ci-dessus des rentes viagères constituées ou à constituer, ainsi que les capitaux exigibles par suite de décès, seront payés aux ayants droit respectifs par lesdits Commissaires, au siége de leur administration, ou par les Caisses d'épargne, Sociétés paroissiales ou autres agents dûment autorisés par lesdits Commissaires, suivant les règlements promulgués, de temps à autre, soit par eux, soit par le Contrôleur général ou par le Contrôleur suppléant agissant en leur nom.

Les rentes viagères, etc., sont payées au siége de l'administration de la Dette nationale et aux Caisses d'épargne, etc.

XXIII. Pendant les quatorze jours qui suivent chacun des quatre termes trimestriels de payement desdites rentes viagères, aucun contrat de rentes viagères ou d'assurances après décès ne peut être passé, en vertu du présent acte, par les Commissaires pour la réduction de la Dette nationale, ou en leur nom, nonobstant toute disposition paraissant contraire insérée ci-dessus.

Les contrats relatifs aux rentes viagères ne peuvent être passés dans les quatorze jours qui suivent le jour du payement trimestriel.

XXIV. Lesdits Commissaires pour la réduction de la Dette nationale ordonneront que toutes les sommes portées auxdits comptes dans le but de se constituer des rentes viagères ou d'assurer le payement de capitaux en cas de décès en vertu du présent acte ou des actes ci-abrogés, soient employées, de temps en temps, suivant les règles que lesdits Commissaires auront tracées, en achats d'annuités de la Banque, ou en annuités à servir pendant un certain nombre d'années, ou en bons de l'Échiquier (suivant le cas); lesdits effets seront immé-

Les sommes reçues par les Commissaires, en vertu du présent acte, doivent être employées en achat d'annuités de la Banque, d'annuités à terme, ou de bons de l'Échiquier, lesquels seront annulés.

diatement annulés, et les dividendes ou intérêts desdits cesseront d'être à la charge du fonds consolidé à partir du jour où lesdits bons ou annuités auront été achetés par lesdits Commissaires;

Les Commissaires peuvent mettre en réserve une partie de ces sommes pour faire face au remboursement des capitaux réclamés en cas de décès, etc., des rentiers viagers.

Pourvu néanmoins que lesdits Commissaires pour la réduction de la Dette nationale conservent et mettent en réserve, de temps en temps, telle partie de ces sommes qu'ils jugeront nécessaire pour faire face, ainsi qu'il est dit plus haut, au remboursement des capitaux réclamés par les personnes qui, ayant effectué ou commencé d'effectuer des versements annuels ou autres dans le but de se constituer des rentes viagères, en vertu du présent acte ou des actes ci-abrogés, ne pourront les continuer ou désireront en changer la destination, et qui auront le droit d'obtenir le remboursement des sommes versées, elles, leurs exécuteurs testamentaires ou les administrateurs de leur succession, ainsi que les exécuteurs testamentaires ou les administrateurs de la succession de toute personne décédée avant l'époque à laquelle sa rente viagère arrive à jouissance, ou pour le rachat des rentes viagères effectué comme il est dit plus haut.

Les rentes viagères constituées en vertu du présent acte sont incessibles, excepté en cas de faillite ou d'insolvabilité.

XXV. Les droits, titres, intérêts et profits résultant de toute rente viagère, de quelque nature qu'elle soit, constituée en vertu d'un acte quelconque actuellement en vigueur pour l'émission de rentes viagères par l'entremise des Caisses d'épargne ou Sociétés paroissiales, ou de toute rente viagère constituée en conformité des dispositions du présent acte, ne pourront être cédés et transportés par le titulaire à un tiers quelconque pour en jouir du vivant dudit titulaire;

Excepté en cas d'insolvabilité ou de faillite d'un titulaire, auquel cas la rente viagère deviendra la propriété du syndic de la faillite pour le bénéfice des créanciers; et, dans ces cas d'insolvabilité ou de faillite, lesdits Commissaires pour la réduction de la Dette nationale rachèteront ladite rente viagère, suivant sa valeur calculée d'après les tarifs qui auront servi pour en évaluer le montant dans l'origine; et le récépissé donné par le syndic de la faillite sera considéré comme décharge suffisante pour lesdits Commissaires, qui annuleront immédiatement ladite rente viagère.

Les transferts peuvent être faits par des représentants dans le but d'assurer le bénéfice de la rente viagère à la partie intéressée.

XXVI. Lorsqu'une rente viagère à jouissance immédiate ou différée aura été constituée, en vertu du présent acte ou des actes ci-abrogés, au nom de plus d'une personne, lesdits Commissaires pourront permettre à la partie ou aux parties non intéressées dans ladite rente, conjointement avec le bénéficiaire, que ce dernier ait ou n'ait pas atteint l'âge de vingt et un ans, de transférer ladite rente viagère au nom d'autres personnes, parmi lesquelles devra rester compris le bénéficiaire;

Ce transfert sera fait suivant les règlements que lesdits Commissaires arrêteront dans le but d'empêcher le transfert des droits dudit bénéficiaire à des tiers quelconques;

Pourvu toutefois que, dans le cas où le bénéficiaire serait incapable de prendre part au transfert, par l'une des causes prévues dans la section IX du présent acte, lesdits Commissaires autorisent néanmoins ledit transfert avec telles formalités qu'ils jugeront nécessaires pour sauvegarder les intérêts du bénéficiaire de ladite rente viagère.

Les rentes viagères sont exemptées d'impôts et considérées comme propriétés personnelles.

XXVII. Les rentes viagères constituées en vertu du présent acte sont exemptées de tous droits, charges ou impôts quelconques ; et lesdites rentes viagères sont considérées comme propriétés personnelles.

Il sera dressé annuellement un état des rentes viagères, etc., non réclamées.

XXVIII. Il sera dressé, le 5 janvier de chaque année, par les Commissaires pour la réduction de la Dette nationale, un état des rentes viagères de toute nature constituées en vertu du présent acte et des actes ci-abrogés, et qui n'auront pas été réclamées dans les trois années précédentes, ainsi que des arrérages semestriels échus sur lesdites, ainsi que des rentes viagères de toute nature qui se seront éteintes ;

Les arrérages, etc., échus depuis trois ans, cesseront d'être à la charge du fonds consolidé, sans préjudice des droits des parties intéressées.

Et à partir du jour où ces rentes viagères n'auront pas été réclamées ou se seront éteintes, les arrérages semestriels cesseront d'être à la charge du fonds consolidé ; mais aucune disposition contenue dans le présent acte ne pourra avoir pour effet de porter atteinte ou préjudice aux droits des personnes prétendant au bénéfice desdites rentes viagères non réclamées, et qui pourraient ultérieurement produire des pièces justificatives jugées suffisantes par lesdits Commissaires ou par le Contrôleur général.

Les registres, récépissés, etc., sont exemptés du droit de timbre.

XXIX. Aucun droit de timbre quel qu'il soit ne sera payé ou exigible sur ou pour aucune copie de registres de naissance, de baptême, de mariage, de décès, ni sur et pour aucun certificat ou déclaration faite ou à faire en exécution du présent acte, ni pour aucun certificat ou document quelconque concernant les payements à faire pour l'achat de rentes viagères ou comme primes d'assurances en cas de décès en vertu du présent acte, ni pour aucune procuration autorisant à toucher, ni pour aucun récépissé constatant le payement de partie ou de la totalité d'une rente viagère ou de sommes payables au décès.

XXX. Dans le cas où un certificat ou une déclaration quelconque présentée à un préposé des Commissaires pour la réduction de la Dette nationale contiendrait une fausse déclaration concernant l'âge d'une personne à laquelle une rente viagère aura été accordée en vertu du présent acte, ou concernant l'âge d'une personne qui se sera assuré le payement d'une somme après son décès, laquelle fausse déclaration aurait pour but d'obtenir une rente viagère sur la tête d'une personne réellement âgée de moins de dix ans, ou d'obtenir un chiffre de rente plus élevé, ou le payement après décès d'une somme plus forte qu'il n'aurait dû ou pu être alloué d'après les dispositions du présent acte, en raison de l'âge véritable de la personne; dans les cas sus-mentionnés, les sommes qui auraient été payées à raison ou en à-compte dudit achat de rentes viagères, ou comme primes d'assurances en cas de décès, seront confisquées au profit desdits Commissaires, et tous droits et titres auxdites rentes viagères ou assurances en cas de décès, ou aux sommes qui auraient pu être exigibles et payables autrement à raison desdites, cesseront de produire effet et prendront fin définitivement.

En cas de fausses déclarations concernant l'âge, etc., insérées dans les certificats ou déclarations, les sommes versées seront confisquées et le droit à la rente viagère cessera.

XXXI. Les personnes qui auront faussé, contrefait ou modifié, ou aidé, engagé ou poussé sciemment et volon-

Les personnes ayant commis des faux

sur des registres, certificats, transferts, etc., seront passibles des peines édictées contre le faux.

tairement à fausser, contrefaire ou modifier, soit tous registres de naissances, baptêmes, décès ou enterrements, soit toutes copies ou expéditions desdits registres établis en vertu du présent acte, soit tous noms de témoins sur lesdites pièces, soit toutes déclarations quelconques relatives à l'exécution du présent acte, soit tous certificats de tout juge de paix ou magistrat, ou de tout officier public agissant au nom desdits Commissaires pour la réduction de la Dette nationale, ou constatant toute déclaration faite devant un de ces juges ou officiers; soit tous certificats de tout gouverneur ou personne agissant en cette qualité, ou ministre, consul, premier magistrat de province, ville ou place, ou de toute autre personne autorisée par le présent acte à délivrer des certificats de vie ou de décès des rentiers viagers;

Ou les personnes qui auront faussé, contrefait ou modifié, ou aidé, engagé ou poussé sciemment et volontairement à fausser, contrefaire ou modifier, soit tous certificats de tout agent des Commissaires pour la réduction de la Dette nationale, ou de tout Caissier ou employé de la Banque d'Angleterre ou de la Banque d'Irlande, soit tous noms de toute personne dans ou sur tous certificats ou autres pièces relatives au payement du prix d'achat des rentes viagères ou des primes d'assurances en cas de décès, conformément aux dispositions du présent acte, ou sur tous récépissés ou toutes quittances d'arrérages de rentes viagères échus ou à échoir, ou de sommes payables au décès, conformément aux dispositions du présent acte, ou autorisant ou tendant à autoriser le payement de toute rente viagère, ou de toute rente temporaire quelconque, ou de toute somme payable au décès, assuré en vertu du présent acte ou des actes ci-abrogés, ou de toute somme due sur lesdites ;

Ou les personnes qui se seront intentionnellement, faussement et frauduleusement présentées comme étant véritablement titulaires de rentes viagères ou qui auront intentionnellement émis, délivré ou produit à tout employé agissant en vertu dudit acte tout registre, ou extrait de registre faux, ou toute attestation ou déclaration fausse, sachant que lesdits ont été faussés, contrefaits et modifiés dans l'intention de frustrer Sa Majesté, ses héritiers ou successeurs, ou toute autre personne quelconque ;

Alors et dans tous ces cas, les personnes atteintes et convaincues d'avoir perpétré lesdites offenses sont et seront déclarées passibles et punissables des peines et pénalités encourues par les personnes reconnues coupables du crime de faux.

XXXII. Toute personne qui, dans une déclaration faite devant un juge de paix ou magistrat, ou devant un agent desdits Commissaires, en conformité des dispositions du présent acte, aura intentionnellement et faussement déclaré vraie une chose fausse, sera, après avoir été atteinte et convaincue du fait, déclarée passible et punissable des peines et pénalités encourues par les personnes reconnues coupables de parjure intentionnel.

Pénalité encourue par les personnes coupables de parjure.

XXXIII. Toute personne qui aura reçu, pour en profiter elle-même ou pour en faire profiter d'autres personnes, un ou plusieurs payements d'arrérages (autres que ceux qui sont prévus et autorisés par le présent

Pénalité encourue pour avoir continué à toucher une rente viagère après la mort du titulaire, évaluée à trois fois le montant des sommes perçues.

acte), sur ou concernant une rente viagère constituée en vertu du présent acte ou des actes ci-abrogés, après le décès du titulaire pendant la vie duquel elle était payable, ou après le décès de l'un des titulaires, dans le cas de rentes viagères payables jusqu'au premier décès, et ce, après et passé le temps fixé pour la cessation du payement de ladite rente viagère, par suite du décès du titulaire, conformément aux dispositions du présent acte ou des actes ci-abrogés, sachant que le titulaire était mort, et en violation du présent acte, ladite personne reconnue coupable de ladite fraude sera condamnée à payer à Sa Majesté, à ses héritiers ou successeurs, une amende égale au triple du montant des sommes ainsi indûment perçues.

Application des peines et perception des amendes.

XXXIV. Toutes les pénalités pécuniaires et amendes édictées par le présent acte sont recouvrables (si elles ont été encourues en Angleterre) au nom du Procureur général de Sa Majesté, agissant pour Sa Majesté, sur Rapport fait à la Cour de l'Échiquier à Westminster, ou (si elles ont été encourues en Irlande) au nom du Procureur général de Sa Majesté près la Cour de l'Échiquier à Dublin, ou (si elles ont été encourues en Écosse) au nom de l'Avocat général près la Cour de l'Échiquier à Édimbourg;

Et lesdites pénalités et amendes seront payables et payées auxdits Commissaires, et seront versées, appartiendront et s'assimileront au fonds consolidé;

Pouvoir d'offrir des récompenses pécuniaires aux délateurs.

Et les Commissaires pour la réduction de la Dette nationale sont autorisés à offrir telle récompense qu'ils jugeront convenable, mais qui ne pourra excéder la moitié de la pénalité ou de l'amende recouvrable, déduction faite des frais et dépenses nécessaires pour le recouvrement; ladite récompense devant être payée à tout individu qui leur paraîtra la mériter comme délateur ayant procuré le recouvrement desdites pénalités ou amendes.

Payement des dépenses résultant de l'exécution du présent acte.

XXXV. Le Lord Grand Trésorier ou les Commissaires du Trésor de Sa Majesté autoriseront et feront exécuter l'ordonnancement et le payement, à prendre sur le fonds spécial sur lequel sont imputables les dépenses des Commissaires pour la réduction de la Dette nationale, du montant des appointements des fonctionnaires et employés, ainsi que des dépenses incidentes faites par lesdits Commissaires pour la réduction de la Dette nationale pour faire exécuter les dispositions du présent acte, et ce, comme ledit Lord Grand Trésorier ou les Commissaires du Trésor le jugeront, de temps à autre, utile et convenable.

Compte à rendre annuellement au Parlement des rentes viagères accordées et des sommes payées pour arrérages de rentes viagères.

XXXVI. Il sera dressé et présenté, tous les ans, aux deux Chambres du Parlement, au plus tard le 25 avril de chaque année, si le Parlement est alors en session, et, dans le cas contraire, quatorze jours au plus tard après le commencement de la session, un compte établi par les Commissaires pour la réduction de la Dette nationale, et arrêté au 5 janvier précédent, du montant total de toutes les sommes reçues par lesdits Commissaires, et du montant total des rentes viagères qui auront été émises par eux, ainsi que des contrats d'assurances en cas de décès qui auront été passés conformément aux dispositions du présent acte, pendant le cours de l'année finissant le 5 janvier sus-indiqué.

Les procurations données sous l'empire des actes rappelés sont valables pour l'exécution du présent acte.

XXXVII. Les procurations qui auront été données à l'effet de recevoir les arrérages de rentes viagères constituées sous l'empire des actes rappelés ou de l'un d'eux, et qui seront encore valables le 10 octobre 1853, continueront à être également valables en ce qui concerne tout payement ultérieur à faire sur lesdites rentes viagères, en conformité des dispositions du présent acte, aussi longtemps que dureront les pouvoirs donnés par lesdites procurations.

LOI DU 14 JUILLET 1864.

De la 27e-28e année du règne de la Reine Victoria.

CHAPITRE XLIII.

ACTE ACCORDANT DE NOUVELLES FACILITÉS POUR LES ACHATS DE RENTES VIAGÈRES DE L'ÉTAT ET POUR LES ASSURANCES DE SOMMES PAYABLES APRÈS DÉCÈS

Attendu qu'en vertu de l'acte passé dans la 16e-17e année du règne de Victoria, chapitre XLV, il ne peut être accordé de rentes viagères à jouissances différées, pour de petites sommes, qu'à la condition que le montant entier de la somme nécessaire pour acheter ces rentes viagères sera payé en une seule fois, ou au moyen de versements annuels effectués pendant une période d'années fixée au moment de l'achat; 16e et 17e Victoria, ch. XLV.

Et attendu qu'en vertu dudit acte des polices d'assurances de sommes payables après décès ne peuvent être souscrites qu'à la condition que chaque partie contractante se constituera, en même temps, sur sa propre tête, une rente viagère à jouissance différée;

Et attendu qu'il est opportun de modifier ledit acte;

Il est ordonné ce qui suit par Son Excellente Majesté la Reine, avec et suivant l'avis et consentement des Lords spirituels et temporels, et des Communes assemblées en Parlement, et par l'autorité desdits :

Des rentes viagères à jouissances différées peuvent être constituées au moyen de petits versements.

1. Les rentes viagères à jouissances différées, délivrées conformément aux dispositions contenues dans la seconde section de l'acte précité, peuvent être constituées sous la condition, fixée au moment de l'achat, que les sommes nécessaires pour les produire pourront être payées par petits à-compte et à des intervalles de temps plus rapprochés que ceux qui ont été fixés dans ledit acte.

Les rentes viagères peuvent s'élever jusqu'à 50 livres.

2. Les rentes viagères délivrées conformément aux dispositions contenues dans la seconde section de l'acte précité peuvent dépasser la limite de 30 livres fixée dans ledit acte; mais aucune annuité de l'espèce ne pourra s'élever, pour une même personne, à plus de 50 livres par an.

Une partie de la 10e section de l'acte précité est abrogée.

3. Est abrogée la disposition contenue dans la dixième section de l'acte précité, en vertu de laquelle il est exigé de toute personne qui souscrit, avec les Commissaires de la réduction de la Dette nationale, une police d'assurances de sommes payables après décès, qu'elle se constitue en même temps une rente viagère à jouissance différée.

Limite d'âge des personnes assurées.

4. Aucune police d'assurances de sommes payables après décès ne pourra être souscrite par une personne âgée de moins de seize ans ou de plus de soixante ans, ni en son nom.

Limite de sommes assurées.

5. Les assurances de sommes payables après décès, résultant de l'application du présent acte, ne pourront être supérieures, en totalité, au profit de la même personne, à la somme de 100 livres, ni inférieure à 20 livres.

6. Attendu qu'aux termes des dispositions contenues dans la seizième section de l'acte précité, les Commissaires du Trésor de Sa Majesté peuvent, de temps à autre, inviter les Commissaires pour la réduction de la Dette nationale à se servir de tarifs autorisés par lesdits Commissaires du Trésor pour les contrats de rentes viagères et d'assurances de sommes payables après décès, passés en conformité des dispositions dudit acte;

Autorisation de dresser de nouveaux tarifs pour les annuités et les assurances après décès.

Et attendu qu'il est nécessaire que le fonds formé des sommes versées en vertu desdits contrats puisse toujours faire face à toutes les charges y afférentes, de façon à assurer à tous les contractants l'accomplissement des engagements pris envers eux, soit pour des rentes viagères, soit pour des payements après décès ou autres compromis ou sommes quelconques à payer en vertu desdits contrats, sans faire supporter à cet effet aucune charge ou dépense au fonds consolidé du Royaume-Uni :

Il est ordonné, en conséquence, que lesdits Commissaires du Trésor de Sa Majesté feront établir des tarifs, conformément aux principes ci-dessus posés, pour les rentes viagères et assurances après décès constituées en vertu de l'acte précité et du présent acte, et que lesdits tarifs seront dressés :

1° Pour les contrats en vertu desquels le payement devra être fait en une seule fois ;

2° Pour les contrats en vertu desquels les payements devront être faits annuellement;

3° Et pour les contrats en vertu desquels les payements devront être faits plus d'une fois par an;

Et que lesdits tarifs, après avoir reçu l'approbation des Commissaires du Trésor de Sa Majesté, seront, ainsi qu'un compte rendu des règles d'après lesquelles ils ont été dressés, présentés aux deux Chambres du Parlement, trente jours avant d'être mis en vigueur;

Et que ces tarifs seront abrogés si quelque adresse est présentée dans ce sens à Sa Majesté par l'une des deux Chambres;

Et qu'en conséquence d'autres tarifs seront établis d'après les ordres des Commissaires du Trésor de Sa Majesté, en remplacement des tarifs abrogés.

Les tarifs d'assurances de sommes à payer après décès seront calculés, en ce qui concerne l'intérêt de l'argent, au taux de 3 pour 100 par an.

Le présent acte n'aura d'effet que lorsque les tarifs seront mis en vigueur.

7. Jusqu'à ce que les tarifs ci-dessus soient mis en vigueur, le présent acte n'aura pas d'effet en ce qui concerne la constitution d'assurances sur la vie ou de rentes viagères au moyen de versements effectués plus d'une fois par an.

Disposition relative au défaut de payement pendant cinq ans de la part des contractants.

8. Dans le cas où une personne, qui se sera engagée en vertu du présent acte à effectuer des versements périodiques dans le but d'assurer une somme payable à son décès, désirera, après avoir fait plusieurs versements. pendant cinq ans au moins, annuler sa police d'assurance ou cessera d'effectuer les payements auxquels elle se sera engagée par contrat, les Commissaires pour la réduction de la Dette nationale pourront, au choix de la partie intéressée, lui payer une somme au moins égale au tiers des primes payées, qui sera évaluée d'après les règlements établis pour l'exécution du présent acte, ou pourront lui assurer les effets de telle police d'assurance, ou

de telle rente viagère ou différée, qui équivaudront, d'après les tarifs en vigueur, à la somme qui lui reviendrait en capital; mais il sera aussi permis auxdits Commissaires, s'il leur convient, de passer des contrats d'assurances de sommes payables après décès, avec la condition qu'aucune portion des primes payées ne sera remboursable; et nulle prime payée en vertu de contrats ainsi formulés ne pourra être remboursée en vertu des dispositions contenues dans la présente section.

Les dispositions contenues dans les actes relatifs aux Caisses d'épargne seront applicables aux contractants.

9. Pour les objets indiqués dans l'acte précité et dans le présent acte, toute personne ayant acheté ou achetant une rente viagère, ou souscrivant une police d'assurance de sommes payables en cas de décès, sera assimilée à un déposant des Caisses d'épargne; et toutes les dispositions des actes maintenant en vigueur, concernant les Caisses d'épargne, seront applicables, autant qu'elles pourront l'être, aux personnes achetant lesdites annuités ou souscrivant lesdites polices d'assurances; il en sera de même des règlements et instructions portant exécution desdits actes : étant entendu que rien dans l'acte précité et dans le présent acte ne pourra être considéré comme exemptant les parties contractantes ou intéressées dans les contrats d'assurances après décès, du payement des droits de succession ou d'enregistrement dus en vertu des lois.

Juridiction des Cours de comté.

10. Dans le cas où les Commissaires pour la réduction de la Dette nationale refuseraient de payer les sommes réclamées en vertu d'une police d'assurance après décès, les parties intéressées pourront, s'il leur convient, ne pas demander l'arbitrage, dont il est question dans les lois

relatives aux Caisses d'épargne, mais pourront faire citer lesdits Commissaires devant la Cour de comté du district dans lequel la police d'assurances a été souscrite, ou, du consentement desdits Commissaires, devant telle autre Cour de comté dans la circonscription de laquelle ces parties auraient leur résidence, pour obtenir le payement des sommes réclamées par elles;

Et la Cour de comté auprès de laquelle des poursuites auront été instituées aux termes de la présente section, sera dûment saisie et son jugement sera décisif et obligatoire pour toutes les parties en cause, à tous égards et sans appel;

Et relativement à l'exécution du présent acte, la police d'assurance sera considérée comme ayant été souscrite au lieu de la résidence du contractant à l'époque de la date de ladite police.

Pour procéder à l'arbitrage dont il est question dans les actes relatifs aux Caisses d'épargne, lesdits Commissaires se mettront, s'il est nécessaire, au lieu et place des administrateurs des Caisses d'épargne.

Juridiction des Cours en Écosse et en Irlande.

En Écosse, la Cour du Shériff, et en Irlande la Cour des lois civiles du Président des sessions trimestrielles, auront les droits de juridiction attribués dans le présent acte aux Cours de comté.

Transport des polices d'assurances.

11. Toute personne qui aura, aux termes du présent acte et de l'acte précité, souscrit une police d'assurance de sommes payables après décès, pourra, après avoir régulièrement payé les primes pendant cinq années ou plus, transporter ses droits et intérêts, tels qu'ils résulteront de ladite police, moyennant le payement d'un dédit, et sous les conditions qui seront fixées dans les instructions rédigées en conformité du présent acte.

Le bénéficiaire du transport de ladite police devra se pourvoir devant les Cours de loi écrite et d'équité, afin de régulariser ses droits et intérêts dans ladite police, y compris le droit d'ester tel que le possédait le titulaire, mais sans ajouter aucun autre droit ou avantage.

Les Commissaires n'ont pas à tenir compte des significations d'oppositions.

12. Les Commissaires ne sont pas tenus de recevoir notice ou de tenir compte des significations, même données, des oppositions grevant les rentes viagères ou les polices d'assurances après décès résultant de l'application du présent acte et de l'acte précité.

Les Commissaires pour la réduction de la dette nationale réglementeront les payements par à-compte.

13. Les Commissaires pour la réduction de la Dette nationale peuvent, avec l'assentiment des Commissaires du Trésor de Sa Majesté, établir des règles pour fixer le montant des à-compte et primes à payer, et les époques auxquelles les payements devront être effectués, en ce qui concerne les sommes exigibles aux termes de tous les contrats passés en vertu du présent acte et de l'acte précité, mais sans modifier rien aux contrats passés antérieurement;

Et le montant des sommes payables, soit comme à-compte, soit comme primes, ne pourra, à aucun moment, être inférieur à 2 schellings.

Le Directeur général des Postes peut, avec l'assentiment du Trésor, autoriser ses employés à recevoir des versements.

14. Le Directeur général des Postes peut, avec l'assentiment des Commissaires du Trésor de Sa Majesté, s'il lui convient, autoriser et désigner tels employés choisis par lui pour recevoir les sommes payables aux termes des contrats passés en vertu du présent acte et de l'acte

précité pour placements à faire aux mains des Commissaires pour la réduction de la Dette nationale, et pour payer, au nom desdits Commissaires, les sommes dues et payables aux termes desdits contrats.

Les Commissaires peuvent autoriser les administrateurs des Caisses d'épargne à recevoir des versements.

15. Les Commissaires pour la réduction de la Dette nationale peuvent, de même, avec l'assentiment desdits Commissaires du Trésor de Sa Majesté, s'il leur convient, autoriser les administrateurs des Caisses d'épargne établies en vertu de l'acte 26-27e du règne de Victoria, chapitre LXXXVII, avec le consentement desdits administrateurs, à recevoir les versements de sommes dues et payables, aux termes de contrats passés en vertu du présent acte, aux Commissaires pour la réduction de la Dette nationale, et à payer, au nom desdits Commissaires, les sommes dues et payables aux termes desdits contrats, et ils peuvent allouer auxdits administrateurs une indemnité raisonnable sur les sommes reçues et payées par eux pour le compte desdits Commissaires, de façon à les couvrir des frais résultant de leur intervention.

Le Directeur général des Postes peut, avec l'assentiment du Trésor, promulguer des règlements portant exécution du présent acte.

16. Le Directeur général des Postes peut, avec l'assentiment des Commissaires du Trésor de Sa Majesté, promulguer tous les règlements nécessaires pour l'exécution du présent acte, en ce qui concerne son département;

Et les Commissaires pour la réduction de la Dette nationale peuvent, avec l'assentiment desdits Commissaires du Trésor de Sa Majesté, promulguer tous les règlements nécessaires pour l'exécution du présent acte, en ce qui concerne les administrateurs des Caisses d'épargne et aussi pour l'exécution des contrats par tous employés agissant au nom desdits Commissaires et nommés par eux, ou par le Directeur général des Postes avec leur consentement;

Et tous les règlements promulgués, soit par lesdits Commissaires, soit par le Directeur général des Postes en leur nom, seront exécutoires comme s'ils faisaient partie du présent acte;

Et il sera présenté aux deux Chambres du Parlement des copies de tous les règlements promulgués en vertu de l'autorisation contenue dans le présent acte.

Les comptes du Directeur général des Postes et des Commissaires doivent être présentés aux Commissaires chargés de l'apurement des comptes publics.

17. Les comptes annuels du Directeur général des Postes et des Commissaires pour la réduction de la Dette nationale, arrêtés au 31 décembre de chaque année, en ce qui concerne les sommes reçues ou placées en vertu dudit acte, seront présentés tous les ans, avant le 31 mars de chaque année, par ledit Directeur général et par lesdits Commissaires, pour être examinés et apurés par les Commissaires chargés de l'apurement des comptes publics.

PARIS. — IMPRIMERIE DE GAUTHIER-VILLARS, SUCCESSEUR DE MALLET-BACHELIER,
Rue de Seine-Saint-Germain, 10, près l'Institut

www.ingramcontent.com/pod-product-compliance
Lightning Source LLC
Chambersburg PA
CBHW071214200326
41519CB00018B/5523

* 9 7 8 2 0 1 9 5 4 6 8 4 7 *